富の福音

The Gospel of Wealth
Andrew Carnegie

アンドリュー・カーネギー

田中孝顕 監訳

監訳者まえがき

本書『富の福音』は、一九〇一年（明治三四年）にニューヨークのセンチュリー社から出版されたアンドリュー・カーネギーの"The Gospel of wealth and other timely essays"を翻訳したものである。

本書は、欧米の読書家の間だけではなく、広く実業界、労働界、政界などにも大きな反響を巻き起こしたが、本書が発刊された当時は、日本でもようやく近代資本主義体制が根づきはじめ、都市に労働者、職工などのブルーカラーや、大企業で彼らを管理するホワイトカラーなどの階層分化が見られるようになってきていた。当時のアメリカに遅れること約一〇〇年で、日本の社会、経済は急速に近代化の道を歩みはじめた。

本書の原著はその最初の刊行から、すでに一世紀がたっているが、今日、これを読んでみても、なおその内容は非常に新鮮である。

今日、初めて本書を手にされる読者の皆さんは、一世紀も前に書かれたこの本の内容や主張に、どのような感想を持たれるだろうか？

私たちは、自分の手に富を招き寄せるために、あるいは、すでに招き寄せた富を、社会のためにもっとも有効に利用するには、今、何をしなければならないのだろうか？ 読者がこの本を手にとられて熟読されるなら、カーネギーが時代を超えて今もなお、私たちに語りかけている熱い情熱に気づかれるだろう。

本書が、一人でも多くの読者にとって富と人生について考えるきっかけになれば、たいへん幸せである。

田中孝顕

ゴシック体は監訳者によるものであり、また本文中に⚜印のついているものは監訳者の補足説明である。

富の福音　目　次

Andrew Carnegie

The Gospel of Wealth

序章 実業家への道

実業家への道

この序章の原題は"How I served my apprenticeship"すなわち「いかにして私は実業界に雇われた者として仕えたか」で、一八九六年に『ユースズ・コンパニオン』に発表されたものである。

カーネギーが六二歳になる年に発表したことになるが、当時カーネギーは米国における鉄鋼生産をほぼ独占し、アメリカ最大の富豪の一人となっていた。彼は一八三五年にスコットランドのダンファームリンに生まれ、一家は生活のために一八四八年に米国移住、その後、貧しい移民の子が、四八年間に自分の歩んだ実業家への道を振り返って書き記した一文である。

なぜ、私は実業家となったか？

私が実業家となるまでに、いかに実業家の卵として仕えてきたかを語ることは、大きな喜びである。しかしその前に、なぜ私が実業家になったのかという疑問をお持ちのことと思うが、実は私が実業家になる道は、私が好んで選び、歩みはじめた道ではなかったのである。

貧しい両親のもとに長男として生まれた私は、幸運にも、まだ幼い時から正直に働き生活の糧を得るために、世の中で有用な仕事をしなければならなかった。そのため、まだほんの少年だったころから、両親を助け、そして両親のように、できるだけ早く家族の中で生活費を稼ぐ者となることが私の義務であったのである。

というわけで、**「私は何をしたいのか?」**ということではなく、**「自分のできる仕事は何か?」**ということが、そもそもの出発点なのであった。

貧困を追い出してやる!

私はスコットランドのダンファームリン(訳注:北海に面したこの町は、ニシン漁を中心にした漁業の町として古くから栄えていたが、同時に古くからの織物の町でもあった)という町で生まれた。私が生まれたころ、私の父はこの町の腕の立つ手織り職人の親方で織機四台を持って、何人かの織工を雇って働いていた。これは蒸気機関を動力とした工場でリンネルを製造する時代の前のことだった。有力な問屋が注文を取り、布を織るために私の父のような手織り職人を雇い、彼らに原料糸を支給して仕事をさせていたのである。

しかし、蒸気機関を動力にした機械式工場システムの発達により、手織り織機による布織りは衰退していったのである。私の父も、こうした変化によって苦汁をなめた一人であった。

ある日、父は、出来上がった布を問屋に持っていった後、私たちの小さな家にガックリと肩を落として戻ってきた。もうそれ以上する仕事が無かったのである。これは私がちょうど一〇歳ごろのことだった。

このとき私は、自分の人生における最初の、そしてもっとも重大な教訓を学んだのであった。そしてこの教訓は、私の心の中にしっかりと焼き付けられたのであった。そのとき私は、もしできるなら**貧困という狼を、いつか家から追い出してやる**、と決意したのであった。

古い織機を売り払い、アメリカに移住するという問題が、家族の話し合いの中でもちあがった。この議論を私は毎日聞いていた。

行き詰まった生活を打開するために私の両親は、新大陸に移住することをついに決意し、ペンシルヴァニア州のピッツバーグに住んでいる親戚を訪ねていくことになった。両親が移住を決心したのは、自分たちのためではなく、ただひたすら、私と私の幼い弟の二人の将来のためということだったのである。

私が両親のこの考え方を知ったのは何年もあとだったが、子どもの将来のために、自分の将来を犠牲にすることのできる父や母の深い愛情を知ったときに、私はそのような両親を持っていることを、心から誇りに思ったのだった。

⚜

この序章で述べられているカーネギーの短い自伝は、鉄鋼王カーネギーを知るためのもっとも興味深い部分であろう。カーネギーが物心ついたころの一家は貧乏のどん底にいた。カーネギーはこのため、正規の学校教育を一〇歳までしか受けていない。これは日本でカーネギーともっともよく似た人生をたどった松下幸之助が、やはり、生家の没落のために、学校教育を一〇歳までしか受けていないのと奇しくも同じである。

このような貧しい家庭に育ったカーネギー少年が、最初に人生の指針としたのは、「私は何をしたいのか?」ではなく、「自分のできる仕事は何か?」であった。そこにまず、周囲の環境や自分の運命に甘えることを拒絶した、強い精神力を見ることができるのである。今の日本でわずか一二歳で、このような決意をする少年が一人でもいるだろうか?

また、どん底の貧乏生活の中に育ったにもかかわらず、カーネギーの両親に捧げる愛情と尊敬は非常に高く、深いものだった。貧しい家に育ち、賢明な両親を持つことほど、子どもにとって素晴らしい環境はないのである。ここでもカーネギーは、現在の日本が繁栄の中に置き忘れてきたものの大切さを教えてくれるのである。

初めての給料

アメリカに渡った私たちの家族四人は、ピッツバーグの対岸の町、アレゲニーに着き、そこで父は紡績工場に勤めることになった。私もまもなく同じ紡績工場に、週給一ドル二〇セントの糸巻工の見習いとして就職した。こうして、私の実業家となる道を歩む準備が始まったのだが、このとき私はまだ一二歳の少年だった。そして就職した最初の週の終わりに、私は生まれて初めて、自分で働いた賃金を手にしたのだった。

最初の一ドル二〇セントの給料を手にしたとき、私がどれだけ自分を誇らしく思ったかはどのようにしても言い表すことができないだろう。私が世の中で役に立つことをしたからこそ与えられたお金なのである。また私は、家族に寄与する一員としても認められたのである。もう、父や母に全面的に頼らなくても済むのである。

思うに、少年のうちに真の男らしさの芽がいかなるものであれあるならば、**家族や社会のために役に立っているのだ、という自覚ほど少年を大人にするものはない**のである。それは、正直に肉体労働をしたことに対するまさにその報酬として与えられたものであり、その報酬は一生懸命に働いた一週間の代価であった。

あの日から今日に至るまでの間、私が取り扱った金銭は合計でどれほどになるか、自分でも計算できないほどの巨額である。しかし、収入を得てこれほど素直にうれしいと思ったことはなかった。この一ドル二〇セントで得た本当の満足に勝るものはないだろう。

一二歳の少年である私が日曜日の朝を除いて、毎朝起きて、朝食をとると、家を出て工場への自分の道を見つけて、まだ暗いうちから仕事を始め、正午の四〇分間の休憩時間以外は、夕方また暗くなるまで働き続けるというのは、恐ろしいことだった。

私はまだ若かった、夢を持っていたので、糸巻工で一生を終わるつもりはなかった。これは社会への第一歩だ。今にもっと出世して、父や母に楽な暮らしをしてもらうのだ。それがどのような方法なのか、私にはわからなかったが、私はもう、自分が少年だとは考えていなかった。誰にも甘えることなく、**自分の権利と義務の遂行を、自分の責任と判断で行うことを許された、小さな大人だと考えることは、私にとって、毎日の労苦を支えるたいへん楽しいことだった**のである。

仕事を変わる

糸巻工の仕事を半年ほど続けて、私はまだ一三歳に満たないのに最初の転職をした。親戚の友人のスコットランド人が紡績工場を始めたので、私は親戚の勧めで、その工場で働くことになったのだった。私が受け持った仕事は、地下室のボイラーの火夫だった。

小さなボイラーは、木屑を燃やして蒸気機関を運転するものだったが、工場の全動力をそのボイラーに依存しているため、ボイラーの水量や、蒸気機関の運転速度、火力の調整など、私に与えられた仕事の一つでも失敗をすれば、工場の運転は止まってしまうだけではなく、運が悪ければ、スチームを爆発させて、工場全体を粉々にしてしまう可能性もあったのである。

まだ一二歳余の少年にとって、それはたいへんな責任だった。一日工場で働いて夜家に帰って眠っている間も、夢の中にまで異常を示しているスチームゲージが現れて、驚いて目が覚めたあと朝まで眠れなかったということが何度もあった。

しかし、私は自分の苦労を両親に語るようなことはしなかった。それどころか、いつも気分よく働いているかのように振る舞った。このようなことは私だけでなく、家族全員みな同じであった。幼い弟を別にして、父も母も私も懸命に働きながら、お互いにその日の楽しかったことを語り合い、それぞれの苦労を嘆いたり、弱音をはいたりするようなことはなかった。

私の家には使用人がいるわけでもないのに母は毎日仕事を終えた後、靴を縫う仕事を内職にして毎週二〜三ポンドの貯金をしていた。また父が工場で毎日たいへんな重労働をしていたことはいうまでもない。こんな中で、私が何かを求めるなどということがどうしてできようか。

私自身のことを言えば、スコットランド人の工場主は、一二歳の少年にボイラーを任せることは重すぎると判断したのか、私に工場の事務を担当させた。といっても、その計算事務に要する時間はわずかであったため、それ以外の時間は厳しい労働に従事しなければならなかった。

貧しいことは不幸ではない

私たちは、貧乏なことは不幸なことだと考えるのが普通である。多くの富に恵まれていたら、幸福に生きることができると人々は単純に信じている。事業をする場合、多くの資本を持つ人ほど多くの収益を期待できるとも考えている。

しかし、**心のやすらぐ貧しい家の暮らしは、やすらぎを失った富豪の邸宅の暮らしよりも、はるかに価値のあるものであり、偽りのない人生を生きることができるし、一生のうちに多大の事業を成すことができる**ものである。

たくさんの使用人たちに囲まれて成長し、家庭教師から教育を受け、人生の本当の喜びや悲しみを知ることもなく育った富豪の子どもたちに対して、私は本当にかわいそうだと思わざるをえない。

恵まれた環境に育った子どもたちは、父や母の恩恵を十分に受けていると思っているかも知れない。しかし、本当にそうなのだろうか？

貧しい家の子どもたちにとっては、父はもっとも信頼できる友人であり、教師であり、模範である。そして、神聖なる母はもっとも信頼できる乳母であり、教師であり、神のような保護者である。貧しい家の子どもは、さらに、そのような母から授かる何ものにも代えがたい財宝を持っている。富豪の子どもたちは不幸にもこのような財宝を知ることもできないのである。

誰もが平等な社会を建設して、貧困を社会からなくそうという運動が今、世界中に広がっている。もし、その運動の趣旨が、無用なぜいたくや奢《おご》りをなくそうということなら、私も賛成である。しかし、平等の美名のもとに貧困を追放しようということだけなら、それは正直や勤勉、克己心など、人間社会の美徳を生み出す基盤を、根底から破壊することになりかねない。いうまでもなく勤勉や克己心は、人類の文明を発展させる原動力なのである。

電信会社の通信技手になる

私は三度目の転職先として、ピッツバーグ電信局の電報配達の少年として採用された。新しい職場は清潔な事務所で、窓は全部明るいガラス窓であり、窓を開けるとさわやかな空気がいっぱいに流れ込んできた。事務室にはたくさんの本があり、新聞が配達され、紙もペンもインクもあった。それは天国のような職場だった。

ただ一つ心配だったのは、私がスコットランドからの移民で、ピッツバーグの町をほとんど知らないことだった。電報を配達する先を知らなければ、役に立たない配達少年として解雇されるかもしれない。そこで私は配達に出るたびに、大通りの商店を軒なみに記憶しようとした。まもなく私は目を閉じたまま、ピッツバーグのすべての大通りの商店を端から端まで暗唱できるようになった。

出世を望む私は、通信技手になろうと決心した。私は時間があれば通信室に入って、通信のやり方を見つめていた。そして、決められた時間よりも朝早く電信局に着いて、事務室や通信室の清掃を済ませると、電信技手たちがやってくるまでのあいだ、私は通信器械を触って電信を打つ練習をしたのだった。

私のような少年は他の局にもいて、そのうちの何人かとは、朝のわずかな時間、お互いに電信を送ったり、受けたりする練習をするようになっていた。

ある日の朝、私はフィラデルフィア電信局が私のいるピッツバーグ電信局を呼び出していることに気がついた。それは死亡電報を送りたいという知らせだった。私はその電信を受ける旨をフィラデルフィア電信局に伝えて、送られてきた電報を受け取るとただちに配達した。まもなく出勤してきた通信技手は、私の越権行為をとがめるかわりに、その後は私に自分の仕事を任せるようになった。

現在、アメリカでは、電信技手と呼ばれる人で、モールス信号を直接耳で聞き分けることができないという人は一人もいないだろう。しかし、私がやむを得ず耳で聞いて、自分で電文を書きはじめたころは、アメリカで同じ技能を持っている人は、私のほかに、一人か二人しかいなかったのである。

私の特技は、やがて電信会社の幹部も知るようになり、まもなく私は正式に電信技手に採用され、一六歳の少年としては破格の月収二五ドル、年収三〇〇ドルの社員になったのだった。年収三〇〇ドルという金額は、当時は独立して家計を営むのに十分な金額だった。そしてこの金額は、私が一二歳のときに週給一ドル二〇セントの糸巻工として就職したときに、最初の目標とした収入金額だった。私は三年目にその目標を達成したのである。

⚜

カーネギー少年は、一二歳で初めて就職して、一八歳になるまでに四回の転職を行っている。その転職のときも、カーネギー少年が最初に考えたのは賃金のことではなく、「勉強の時間を取る」ことだった。最初の就職の半年後に転職した紡績工場では、厳しい労働時間のあと、日曜日の時間をつぶして簿記の勉強を始めている。そうして、自分が働いている紡績工場の事務員に抜擢されるのだが、そこで実際の企業経営の数字と簿記の知識をもって、当時の花形産業であった繊維工業が、すでに時代遅れの産業に仲間入りを始めたのに気がついたのだった。

カーネギー少年が三度目に転職した電信会社は、まさに当時のハイテク先端産業だった。無線電信が発明されて、モールス符号による通信がアメリカに入ったのは、カーネギー少年が電信会社に電報配達として就職した年の一〇年前だった。ここでもカーネギー少年は電報配達の身分に満足せずに、独学で電信の送・受信の技術を覚えて、すぐに電信技師に昇格する。

当時は電信の送信と同調する受信機が電信回線の先についていて、送信が始まると、受信機もカタカタと音をたてて、紙テープにモールス信号を刻み込んでいった。その紙テープの信号を解読する係がいて、アルファベットに転換して、電報として配達されていたのである。しかし、カーネギー少年はまもなくモールス信号を耳で聞いて、そのままその内容が理解できる、全米でもわずか数人の技術者の一人となっている。

ペンシルヴァニア鉄道へ転職したときに、カーネギー少年は電信会社から「待遇に不満なら、今すぐ昇格と昇給をしよう」と言われている。しかし、カーネギーの言葉を借りれば、「不満がないことが恐ろしかった」のである。カーネギー少年は、あまりにも快適な環境の中にいれば、自分の進歩発展がそこで止まってしまうと考えたのだった。

初めて副収入を得る

当時、ピッツバーグには新聞社が六社あった。この六社は共同で東部にある通信社からニュースを買っていた。ニュースの原稿はすべてピッツバーグ電信局に電報として送られてきて、電信局員の一人が各新聞社と週一ドル、六社から合計六ドルをもらって、電報を配達する仕事を引き受けていた。そのうちこの仕事を引き受けていた局員が、私に週に一ドルで自分の仕事を代行しないか、ともちかけてきた。そのころ、私は新聞にときどき投書するなどしてジャーナリズムの仕事に興味を持っていたので、喜んでその仕事を引き受けることにした。

そのために私は、毎晩電信局までニュースの電報を受け取りにくる新聞社の人たちと知り合うようになった。ジャーナリズムの世界に働く人たちは、私がそれまでに知り合った人たちとはまったく違った機敏な人たちで、彼らと話をすることは、自分の知らない世界や知らない考え方を教えてもらうことができるよい機会になったのである。

週に一ドルという副収入を初めて自分だけの小づかいとして使えるようになり、懐ぐあいは豊かになった。金額は少なかったが、本業に影響のないところで、ほんの少し余分に働くことで、自由に使える収入――これを「ビジネス」と称さなくて何であろう。一方、正規の仕事からは月給もあるのである。

ペンシルヴァニア鉄道に就職

私が電信会社に就職してからまもなく、アパラチア山脈を横断して、ニューヨークからピッツバーグまで鉄道が開通することになった。鉄道を建設するのはペンシルヴァニア鉄道で、開通するとニューヨークまでは半日、一二時間の旅になる。

ピッツバーグには鉄道建設のための事務所が設けられ、私の終生の恩人ともいえるトーマス・A・スコット氏が鉄道建設事業の総監督として着任した。ペンシルヴァニア鉄道の本社はアパラチア山脈の東側にあるアルツーナという小さな町にあったが、スコット氏はその本社と連絡をとるためにたびたび電信局を訪れた。それが縁で、私はスコット氏にたいへん可愛いがられるようになったのだった。

スコット氏が、部下に任せれば済む電報のやりとりを、自分でするためにたびたび電信局を訪れていたのは他に目的があった。

ある日、スコット氏は私にペンシルヴァニア鉄道で、自分の下で秘書兼鉄道電信の責任者として働いてみないかと声をかけてきた。私にとっては電信会社の待遇や、仕事の内容に不満があるわけではなかったが、何も不満がないということは、そこで進歩が止まってしまうということである。考えようによれば、それは私のような青年にとっては、たいへん恐ろしいことだった。私はスコット氏の誘いに乗ることにした。

私は四度目の転職をした。スコット氏が約束してくれた給料は、月額三五ドルだった。ちなみにスコット氏は一二五ドルであった。私は一八歳になって、ピッツバーグの市民としては一人前以上の収入を得る地位につくことができたのである。鉄道の将来性についての私の予想は完全に当たったたが、私自身について言うのなら、それは予想以上のものになったと言えるだろう。私がペンシルヴァニア鉄道に入って六年後、スコット氏は副社長に昇進し、私はその後釜としてピッツバーグ地区の総責任者となった。

初めての株式投資

ペンシルヴァニア鉄道に就職してしばらくたってからのことだった。スコット氏は私にある日突然、「君は今、五〇〇ドルの資金を調達できるか?」と尋ねた。

「ペンシルヴァニア鉄道の関係会社にアダムス通運会社という株式会社があるが、その一〇株の株式を持っている人が死んで遺族に株式の処分を頼まれている。一株の価格は額面五〇ドルで、一〇株五〇〇ドルになる。もし、その株を買うつもりがあっても資金が足りないということなら、不足分は自分が立て替えよう。今のところ、毎月一パーセントの配当をしていて、経営状態も健全な会社だ」

スコット氏はそう言って、私にアダムス通運会社の株主になることを勧めた。

スコット氏はアダムス通運会社の経営内容を詳しく知ることのできる立場にいた。株式は相場ではなく、額面で譲ってもよいと言う。スコット氏が利益をあげるつもりなら、株式を額面以上で買う投資家をみつけることは簡単である。それにもかかわらず、スコット氏は私に話を持ちかけて、足りなければ融資までしようと言ってくれたのである。

私は、今、家に五〇〇ドルもの大金がないことはわかっていたが、ためらわずに、

「五〇〇ドルなら、何とかなります。ただし、少しだけ時間を下さい」

と答えたのだった。

私は家に帰ると、このことを両親に相談した。黙って私の話を聞いていた母は、

「この家を抵当に入れて、五〇〇ドルはオハイオの叔父さんから借りましょう。私が明日にでも頼みに行きましょう」

と、金策を引き受けてくれたのだった。当時、私たちの住んでいた小さな家は、数年前に八〇〇ドルを分割支払いで買って、三人の働きで少しずつ返済して、やっと自分たちのものになったばかりだった。母はその貴重な家族の財産である家を、私の株式投資のために提供してくれたのである。

まもなく会社の株券は私のものになった。そして、スコット氏の言ったとおり、さっそく「出納係バブコック」と署名された五ドルの小切手が配当として送られてきた。

小切手を受け取った翌日は日曜日だったので、私は鉄道に勤務する友人を誘って、近くの森に散歩に出かけ、木陰で休憩をしたときに、この小切手を見せたのだった。私の友人にとっては、それはまったく初めて知ることだった。私を含めて全員が、それまで自分が

働く、という以外に一セントの収入を得た経験もなかったのである。

私がどうしてその配当を受け取れるようになったのかを説明すると、友人の一人は、私にこう言ったのだった。

「アンディ！　素晴らしいぞ。君は資本家になったんだ！」

寝台車に投資する

私がペンシルヴァニア鉄道のピッツバーグ線区の責任者になってまもなくのことだった。一人の農民風の紳士がやってきて、私に話しかけてきた。

「カーネギーさん、私はあなたがペンシルヴァニア鉄道の関係者だと、さきほどこの列車の車掌に聞いたのです。それで、ぜひあなたに見せたいものがあります」

彼はそう言って、持っていた包みを解いて、私に寝台車の模型を見せたのだった。彼こそ発明家のウードルフ氏であった。私は長距離列車の黄金時代がやってくるだろうと予想した。

私は彼の手を握ってこう言った。

「貴重なものを見せていただいて感謝します。会社の幹部と協議するために、来週、アルツーナにお出でになりませんか？」

私はオハイオからスコット氏に連絡を取り、翌週にアルツーナに戻って、スコット氏、私、ウードルフ氏の三人で、寝台車の構想について話し合った。

スコット氏はたいへん積極的で、寝台車ができれば、ペンシルヴァニア鉄道としては、すぐに二台を試験的に使用する契約を結びたいと約束した。

ウードルフ氏は、この早い結論にたいへん満足した。そして翌日、アルツーナからオハイオに戻る前に私を訪問して、私の仲介の労に感謝するとともに、

「寝台車のための会社を作りたいが、よかったら株主になりませんか？」

と提案したのだった。もちろん私は喜んで彼の提案を受け入れた。

寝台車二両を作るために必要な資金の大部分は、寝台車を作ることを引き受けたメーカーが延べ払いを認めてくれたが、それでも、会社の設立費用や最初の頭金として、私が分担することになったのは二一七ドルだった。

いろいろ思案したがどうにもならないので、私はアルツーナの銀行を訪問し、詳しく事情を説明して、毎月一五ドルを返済する条件で二一七ドルを融資してもらうように頼んでみた。

銀行に融資を頼んだのは、それが最初の経験だったが、銀行は快く私の申し込みを引き受けてくれた。私は、銀行の貸付担当者が私の話を聞き終わると、にっこり笑って私の肩

に手を置き、「よろしいですとも。カーネギーさん」と言ったことを忘れることができないのである。自分の責任で事業を運営する経営者の一人として、銀行から認められたのだった。

この投資は大成功で、二回目以降は寝台車からの収入で払い込みに当てることができた。現在、私が所有している巨大な資産の最初の種子は、このウードルフ寝台車会社に投資したことによって獲得したものである。

キーストン鉄橋会社を設立

幾年かして私はピッツバーグ方面の責任者に転じ、懐かしい旧地に再び戻ってきた。当時、大小の川にかかる鉄道の橋の多くは木製であった。私は必ず将来、鋼鉄橋の時代が来るものと予想し、ピッツバーグに鉄橋の製造会社を設立した。私に割り当てられた株式の払い込み金は二五〇ドルだったが、この払い込み金は、銀行からの借り入れによって調達することができた。

このようにして設立されたキーストン橋梁製作所は大成功であった。オハイオ川の大鉄橋を初めて手がけたのもこの会社であり、その他いくつもの重要な鉄橋を架設し続けたのである。

私が製造業に関係したのはこれが初めてだったが、後に私が関係した事業は、すべてキーストン橋梁製作所を基礎にして始まったものである。数年後、私は三〇歳になったときに、それまで一三年間勤務したペンシルヴァニア鉄道を辞職した。一二歳から働き始めて一八年間、私は給料をもらって人のために働き続けてきたのだったが、会社を辞職した翌日から、私は自分自身のために働く自由な事業家になったのである。

自分自身の主人になる

私は自分がサラリーマンであることに満足したことはなかった。私がこのままペンシルヴァニア鉄道で働いていたら、運がよければ社長にまで昇進したかもしれない。しかし、私が仮にペンシルヴァニア鉄道の社長になれたとしても、経営を私の思うままにできないことは確実だった。私のしようとすることは、鉄道経営とはどういうことなのかよく知らない取締役会の決議に左右されることになる。

またたとえ、取締役全員を私の味方につけることに成功したとしても、株主総会の決議には従わざるを得ないのである。私が正しいと信ずるところでも、それが世間一般に受け入れ難いものなら、株主総会の賛成を得ることはきわめて困難である。自分が会社を所有して経営しない限り、私の信念が正しかったことを証明することはできないのである。

私が自分自身の主人であることを目指した理由の一つは、たとえそれがどのように困難な道であっても、自分が正しいと信ずる道を事業経営の中に生かしていきたかったためだった。

ではどうして鉄鋼業を選択したかというと、私がピッツバーグに住んでいたからである。同市は当時、鉄鋼都市として、アメリカ中で第一の地位を占めていたのである。鉄鋼会社設立に必要な株主になってくれた人々のうち、私がもっともうれしく思うのは、私の少年時代の友人たちが多くいたことである。このような人たちと相談しながらアメリカ全体の需要に応えるため、事業を拡大していくことになったのである。

鉄鋼業界では、拡張発展と技術の進歩から目をそらせることは、自殺行為だと言ってもよい。その激しい競争の結果、ピッツバーグでは鋼鉄三ポンドの価格がわずか二セントという、世界一安い価格になったのだった。そして、それがアメリカを世界一の鉄鋼産業を持つ国にしたのである。

⚜

一介のサラリーマンから、全米でも有数の富豪の一人となったカーネギー少年の最初の財テクは、決して奇抜なものではないし、特別な幸運に恵まれたわけでもない。働いて貯蓄をし、それを頭金にして自分の家を月賦で買い、支払いが終わると、今度はその家を担保に入れて、堅実な株式投資を始めた。もちろん、このようなことは賢明な両親の協力がなければできることではないだろう。それにしても、カーネギー少年は、わずか一八歳で自分の家を持ち、株式投資を始めたのだった。

寝台車の会社に投資したときも、まず時代の流れを読み取る積極果断な性格と、会社創立前から顧客を確保するという慎重さの組み合わせで、その投資を成功させている。これは南北戦争中にキーストン鉄橋会社を創立したときにも見られるのである。これからは鉄橋の時代だという先読みと同時に、会社を創立した時点ですでに、ペンシルヴァニア鉄道からいくつかの鉄橋を受注していたのである。

キーストン鉄橋会社は、アメリカで最初の鋼鉄製の鉄橋を製作するなど、技術開発にきわめて熱心な会社だったが、これは創立者であるカーネギーの強い意向を反映したものである。そのころの鉄橋といえば、ほとんど鋳鉄製であり、木製の橋のように燃えたり流れたりすることはなかったが、衝撃には弱く、鉄道用の橋としては不向きだった。しかし、鋼鉄製の橋は、鋳鉄製の橋に比べて何倍も高く、良いことはわかっていても、メーカーもユーザーも手を出せなかったのである。

本書にはないが、鋼鉄製の鉄橋を販売するために、カーネギーは顧客に起債を勧め、その債券を引き受けてもらうために、ロンドンに何回も旅行して、当時世界最大の金融財閥であったモルガン商会の知遇を得ている。後に、カーネギーが実業界を引退したとき、カーネギーから四億四七〇〇万ポンドでカーネギー・スチールを買ったのは、このモルガン商会である。

このように、カーネギーは技術開発に熱心だっただけではなく、販売革新にも力を注いだ時代の先覚者だったのである。

Andrew Carnegie

The Gospel of Wealth

第一章　富の福音

I　富はこうして生かせ

社会が進歩するための必要条件

人類の歴史が始まって以来、ここ一〇〇年ほどの間に起きた生活の変化は、革命的と表現しても言い過ぎではないだろう。人々の生活は変化しただけではなく、豊かで楽しいものになった。

私は以前、アメリカ南部を旅行して、インディアンの酋長の家に招かれたことがあった。酋長の家は外から見ても、その周囲の彼の部下たちが住んでいる家とまったく変わりはなかったし、家の中の様子もこれが酋長の家だと言えるようなものはまったく何もなかった。今日のインディアンの暮らしぶりは、一〇〇年前の私たちの父祖の暮らしぶりとほとんど変わらないといってよいだろう。ひとにぎりの王侯貴族を除けば、主従の間といっても、衣・食・住などに特別な差はまったくなかったのである。

しかし現在では、富豪と呼ばれる人たちの住む邸宅と労働者の住む家とでは、たいへん大きな差がある。しかし、それは労働者の生活や住居が悪くなったということではない。アメリカの労働者の生活は格段に良くなっているのである。ただ、その労働者の中から、才能と幸運に恵まれ、努力と忍耐を惜しまなかった人が、富豪の地位を得て、より高い水準の生活を楽しむことができるようになったのである。それは文明が進歩した結果生じたものであり、決して嘆き悲しむことではないのである。むしろ、**社会に貧富の差があるということは、社会が進歩する必要条件だと言ってもよい**のである。

すべての人が貧しく、最低の衣食を確保することが唯一の目標だった社会と、たとえ一部とはいえ、富豪の家に多くの美術品があり、文明社会が生み出したさまざまな便利な設備や機器がある社会では、どちらのほうが望ましい社会だろうか？

平等にこだわる人たちは、誰もが貧しく、心を豊かにするものが何もない社会を理想社会のように説いているが、そういったことは本当にうらやましいことだろうか？　仮にそのような理想社会が出現したら、富める人たちによって保持されている今日の文化はすべて失われて、富める人も貧しい人も、同じようにより不幸な生活を強要されるようになるだけではないだろうか。

社会が今日のように日ごとに改善され進歩していくのは時の流れであり、人の知恵や力でこれを抑えることはできないのである。したがって、時の流れに従って、それをもっとも好ましい方向に利用していくことであり、時の流れを押しとどめようとするような試みは、何であれ、時間と力の浪費に過ぎないのである。

それでは、近年なぜ時の流れは激しく、また速くなったのだろうか？　それを説明するために難しい議論をする必要はないだろう。発明、発見、技術の進歩、改善、そして、それらが相互に影響しあって加速化していくことが、時の流れを速くしているもっとも大きな原因である。わかりやすく、これを製造業に例をとって説明してみよう。

産業革命が始まるまでの物品の製造は、ほとんどすべてが自宅の一部を作業場とする小規模なものだった。そこでは、一家の主人も、そこで働く職人たちも、同じ場所で同じ仕事をして、生活の状態もほとんど変わらなかった。職人が独立して一家の主人になっても、生活状態がそれで変わるわけではなく、変わるのは、自分も同じように職人を雇って、仕事を教えるということだけだった。

そのころは、主人も職人も経済的に平等だっただけではなく、政治的にもまったく平等だった。というのは、家内工業に従事する人たちは、ほとんどの場合、政治上の発言権が何もなかったからである。

小規模生産の手仕事の結果、製品の質は不ぞろいで粗悪であり、しかも高価だった。現在のように優れた品質で安価なさまざまな製品が市場にあふれている状態は、一〇〇年前の人々が夢にも思わなかったことなのである。これは商業の場合にも同じことが言えるのである。

今日のアメリカでは、もっとも貧しい人でも、昔の富める人たちよりも豊かな生活をしているし、ほんの少し前まではぜいたく品だったものも生活必需品になっている。一片の土地も持たない労働者も、一〇〇年前の自作農家よりも幸福な暮らしをしているし、今の自作農家の暮らしは、昔の大地主の暮らしよりも豊かになっているのである。そして、大地主は、昔の王侯貴族さえ求めることができなかった書画や美術品を持ち、それを鑑賞することができるのである。

カーネギーは、はっきりと不平等は歓迎すべきことだ、と断言している。その理由として、人間には著しい能力の差がある（潜在脳力は同じ程度にあるにせよ）ことと、出世あるいは富を得たいという人間の欲望が、社会を動かす原動力になっていることをあげている。

これらは、学者が机の上で得た結論ではなく、実際に激しい生存競争をくぐり抜けてきたカーネギーの体験から出たものである。しかし、カーネギーは、当たり前のことを、当たり前に発言しただけだったのだろうか？

カーネギーの発言は、当時の社会の一般的な思想の流れからいえば、きわめて大胆で、勇気のある行為だった。

現代の日本のように、世界でも比較的貧富の差が小さく、教育程度の高い国であっても、ある人々に対して「君たちが社会の下積みになっているのは、君たちが無能だからだ。上に上がりたければ、自分に何ができるかよく考えて努力をすることだ」と発言する政治家や実業家がいれば、日本の世論はどう反応するだろうか？

当時のアメリカの人たちの貧富の差は、現代の人たちの目から見れば、想像できないくらい隔絶したものだった。教育もなく貧しい暮らしをしている人たちは、なぜ自分が貧しいのか、なぜ社会には富める人がいて、彼らだけがぜいたくな暮らしができるのか理解できなかった。

貧しい人たちからみれば、富める人は、理由もなく攻撃を受けても当然だったのである。そういう人たちに、カーネギーは勇敢にも、「君たちが社会の下積みになっているのは、君たちが脳力はあってもそれを自らの力で引き出そうとしないからだ。上に上がりたければ自分に何ができるか、よく考えて努力をすることだ」と、発言したのである。

進歩の代価

もちろん社会の進歩はよいことばかりではない。現在の大きな工場では、数百人、数千人の労働者を雇って仕事をするために、経営者は労働者を個人的に知ることはほとんどないし、労働者もまた、経営者の人となりや考え方を知る機会は少ない。

何もなかったところに、経営者、社員、職工、労働者といった身分が作られ、お互いに知ることがなく、あるいは知ろうともしないために、お互いに相手を信頼せず、相手を憎み、あるいは卑しんで、ののしりあうというようなことはまれではない。

企業の経営者は競争に勝ち抜くために、不断に経費の節減を考えていかなければならないが、中でも人件費は生産費の中でもっとも大きく、目立つために、常に削減の対象となりやすい。

そのため、経営者の苦境を知らない労働者は、目先の取り分を増やそうとすることだけに熱中する。したがって、労働者と経営者が衝突し、貧しい人と富める人との間でたえず争いが起きることになる。そして社会の発展とともに、古い時代にあった社会の調和が失われていったのである。

生活が豊かになり、いろいろな物が安く手に入るようになった反面、私たちはこのように、競争の害という代価を支払っているのである。しかし、ここで考えなければならないのは、**社会の進歩と改善という、人々が享有している果実もまた、競争という代価を支払うことによって得られたものだ**ということである。

私は競争社会が良いことばかりで害はない、などと言うつもりはまったくない。しかし、競争は一個人の意思で始まったものではなく、時の流れの中で、自然に発生したものである。個々のケースでみれば、競争に破れて一家離散というような悲惨なこともあるだろう。しかし、競争力の強い人たちが産業の支配者になるということは、社会全体からみれば、もっとも望ましい成り行きなのである。

競争があるということは、社会のあらゆる面で適者が生存し、不適者が姿を消していくということである。私たちが、不平等を不愉快に感じるのならば、その不愉快さを向上へのエネルギーに転ずることだ。こうして自分を高めていくことが本当の生き方なのである。

⚜

カーネギーがその青年期、壮年期を過ごした一九世紀の後半は、勃興期にあった資本主義と揺籃期にあった社会主義が、さまざまな形で対立をしだいに鮮明にしはじめた時代だった。

カーネギー一家がピッツバーグに移住した一八四八年には、マルクスとエンゲルスの『共産党宣言』がロンドンで公刊された。まだ一三歳で正規の学校教育を受けていないカーネギー少年にとっては、それがどのような意味を持つ著書であったかを知るのには少し早すぎたかも知れない。

しかし、カーネギー少年が働いていたピッツバーグの織物工場の劣悪な環境は、まさに、マルクスとエンゲルスが階級闘争の標的にした、前近代的なものだったのである。

続いて一八六七年、マルクスが資本論の第一巻を発表、マルクスの死後、彼の遺稿を整理して、エンゲルスが一八八五年と一八九四年に、資本論の第二巻と第三巻を刊行した。これらの論文が、二〇世紀の世界に与えた影響の大きさは、現在、すべての人たちが知るところである。

一八七〇年、アメリカ合衆国の憲法が改正されて普通選挙権が成立した。選挙権を有するのは人頭税の納税者であるとか、読み書きの脳力があるとかといったことなど、いくつかの制限があったが、ほんの二〇年前には奴隷として基本的人権さえ認めなかった黒人にも選挙権を与えた画期的なものだった。それだけ、アメリカ社会の流れは、効率よりも平等を重視する方向に向かっていたのである。

アメリカに普通選挙権が成立した翌年の一八七一年に、パリに世界最初の社会主義政権、パリコミューンが成立した。それはわずか七〇日間の短期間で姿を消したが、世界中に与えた衝撃は非常に大きかった。カーネギーがこの報道を聞いたのは、働きざかりの三七歳のときだった。彼は一八六八年に、ユニオン製鉄を設立して、精力的に製鉄事業の近代化に全力をあげていた新興の産業資本家の一人だったのである。

才能ある者への多額の報酬

現在の社会では、商業であれ工業であれ、特別な才能を持った人が大規模な企業を経営して、自分の才能を発揮できる領域は、非常に広くなっている。しかし、大企業を実際に運営していく才能を持った人は、きわめて少ない。

もし、大企業の運営が、少し才能がある人なら誰でもできるというのなら、その人たちに巨額の年俸を支払う必要はない。彼らがその待遇に不満なら、辞めてもらって、代わりになる人を探してくればよいのである。

しかし、このような事業を経営していく才能を持った人たちが、きわめて少ないということは、彼らが驚くような莫大な年俸を得ているという一事からでもわかることである。

あるいは、莫大な年俸を得る人たちは、それに見合った多額の出資をしているのではないか、という疑問もあるだろう。事実、単に年俸を得ているだけということなら、そうした人たちが実業界にいることは確かである。

しかし、そういった人たちは経営に携わっていないのが普通であるし、また、才能がなく、ただ大口の出資者であるというだけの理由で、経営に携わることを許せば、どのような企業でも、企業が大きければ大きいほど、好んで危機を招き寄せることになるのである。

才能のある者を経営者に迎え入れるには、出資額の多少を問う必要はまったくない。というのは、優れた経営者は無から有を簡単に生み出し、巨額の資本を使う事業に携わっても、その資本に見合う以上の利益をあげることができるのである。

それに対して、才能のない者に事業を任せれば、どのように巨額な資本でも、すぐに損失の山に変わってしまうのである。才能があって出資することのできない人と、出資することはできるが、才能のない人のどちらを経営者とすべきかという問題があれば、正しい答えはただ一つ、才能のある人を選ぶということなのである。

多くの人を雇い、多額の資本を使う大企業の経営は、進むか、退くか、常に二つに一つの道しかない。大企業の経営では、一カ所にとどまっているということは不可能なのである。

経営者を評価するのは、努力ではなく結果である。事業を経営する者がその椅子にとどまっているということは、彼が会社からどれだけ多くの報酬を得ようとも、その報酬を何倍も上回る利益を会社にもたらしているということであり、それは争うことのできない経験上の法則なのである。

そしてこの法則の活用が、人類社会のために役立っていることは、人類社会のために役立っている他の科学上の法則とまったく同じことなのである。

間違った思想

現在の社会が不平等であることに不平を唱えて、アメリカの社会組織に非難攻撃を加える人たちがいる。過去から現在に至るまで人類が経験してきたさまざまな社会組織と比べるなら、現在のアメリカ社会は優れたところはあっても、劣ったところを見出だすことはできないのである。

そして、今日、アメリカ社会に氾濫するさまざまな改革案は、提唱者の言うような素晴らしい結果を生み出すという何の保証もないのである。

人間の文化は、歴史もさだかでない古い時代に、より勤勉に働く労働者が、無能で怠惰な同僚に対して、「蒔《ま》かぬ種は生えない」と自らの収穫の平等な分配を拒絶したことから始まっている。こうして原始共産主義を葬り、働く蜜蜂と働かない雄蜂を区別することによって、生産力が向上して、社会組織が生まれたのである。したがって、その社会組織を根本からくつがえそうという社会主義政党や無政府主義政党の主張は、単なる体制の変革ではなく、人間の文化の歴史を、根本から破壊しようということと同じなのである。

偏見を持たずに考えてみれば、現在の文明がすべて「私有財産制度」に基礎をおいていることに誰もが気がつくはずである。労働者は貯蓄銀行に預けている数百ドルの預金を守り、増やすために勤勉に働き、富豪は同じように数億ドルの財産を守るために心を砕くのである。

アメリカ社会のバックボーンであるこのような個人主義を改めて、共産主義社会を建設しようと運動している人たちに私は警告したい。あなた方が夢想する共産主義社会は、人類が過去にこれを試みたのである。そして、一歩一歩、その古い組織から脱け出してきたのが、今日ある人類の文化史なのである。

富を生み出す脳力と忍耐を持った者が富を蓄積したことで、人類に利益を与えたことはあっても、害を与えたということはない。

いま仮に一歩を譲って、個人主義を廃止することが人類の利益であるとしよう。そして、すべての人が自分のためにだけ働くということはせずに、仲間のために働き、仲間とともに労働の果実を公平に分かつことが実現するのなら、それはたいへんけっこうなことである。

しかしそれを実現させることは、社会の進化というような穏やかなものではなく、過去のすべてを断絶した革命だと言わなければならないだろう。

このようなことを成功させようというのなら、単に社会体制を変えるだけではなく、人類の天性そのものを変えていかなければならないが、そのようなことは、とうてい五〇年や一〇〇年の間に成し遂げられることではないのである。

一歩を踏み出す

率直に言って、私は現在の社会体制を、社会主義者や共産主義者の言うように改めた場合、結果がどうなるかを知らない。

しかし、仮に社会主義体制や共産主義体制をとることが善であるとしても、今すぐとか、短期間にそのような無謀なことを行うべきでないことは明らかである。

たとえ理論上望ましいことであっても、何世紀かあとに実現するかも知れないことをあれこれ言い立てることは、現存する人たちの義務でないことは明らかである。

私たちがしなければならないことは、今すぐ実行できることであり、一歩を踏み出すことで、今日、あるいは今世紀中に、人類が到達できる目標のために力を尽くすことである。

社会体制をたとえば果樹にたとえるのなら、人の力の及ぶ限度は、樹はそのままにしておいて、良い果実を結ばせるために、少しばかり枝ぶりを整える程度である。

そうした改良、改善を考えずに、いきなりその果樹を根抜きにして、どのような果実を結ぶかわからない苗を植えようというのは、無謀を通り越した犯罪行為だとさえいえるだろう。

個人主義、私有財産、富の貯蓄、自由競争は、さまざまな試行錯誤の結果到達した高い価値を持つ法則であり、社会にもっとも多くの果実を生み出すことのできる確実な法則なのである。

もちろん、これらの法則は万全ではなく、それに基づく活動が、不平等や不公平という結果を生み出していることも否定することはできない。

現在の社会体制や、それを運用するルールがどれほど不完全に見えたとしても、この社会組織とルールは、人類が生み出して現在機能している体制としては、間違いなくベストなのである。それは過去から現在に至る時の流れの中でも、また地球上に現存するさまざまな政治、経済の体制と比べても、はっきりとわかることなのである。

繰り返すが、現在の社会体制を根本から破壊したり、組織のトップを暗殺したりするようなことはすべきではないのである。

富はどのように使うべきか

長い期間の勤労の結果として、家族の生活を平穏に維持し、子どもたちに教育を受けさせるための収入をもたらせる程度の貯蓄は、個人の尊厳を確立するために必要な条件の一つである。人々がそのために貯蓄をすることは、個人の利益になるだけではなく、社会全体の利益のためにもなるものである。

しかし、私たちが現在の社会体制を是認する以上、才能があり、幸運に恵まれた人のもとには、個人の必要とする以上の蓄積が行われることも事実である。

しかし、ここで私が言いたいことは、富める人たちが蓄積した富をどのように使うことがもっとも望ましいかということについてである。

富める者が富をどのように使うのかということに注意を向けることは、現在の社会体制を是認するためにも、きわめて重要なことなのである。

巨額の富を処分する方法は大きく分けると次の三つがある。

第一は、富を遺族や子孫に残すことである。

第二は、社会公共のために富を遺贈することである。

第三は、富の所有者が自分の生存中に自らの経験を生かして、公共のために運用することである。

古い時代のことは別にして、私の知る限りでは、少数者の手に集中した富はたいていの場合、第一か、第二の方法で処分されてきた。これについて、私の考えていることを次に述べてみよう。

子孫に美田を残すのは愚行でしかない

巨額の富を子孫のために残そうということは、結果からみれば愚行としか言いえない。君主政体をとる国では、不動産をはじめ父祖から伝えられた財産の大部分は長男に譲っているが、これは親の虚栄心を満足させるための行為である。しかし、現在の欧州諸国の実例は、そのような風習が実際に希望どおりに成功する可能性は、ほとんどないことを証明している。

財産を譲られた子孫が愚かな人物の場合は、いたずらに資産を使い尽くすか、運用を誤って損失を出し、かえって莫大な負債に苦しむことになることが多いのである。

イギリスでは貴族のために、財産相続法という法律まで作って、貴族の財産の相続を保護しているが、実際には先祖から譲られた土地は、さまざまな名目で他人の手に渡っているのである。

共和政体をとる国での子どもたちに対する財産の分配は、長子相続をとる国に比べれば公平だと言える。しかしいずれにしても、子どもたちは譲られた財産を増やすことはもとより、そのまま後代に譲ることもまれで、多くの人は譲られた財産を使い尽くしてしまうものである。その結果は、長子相続も、兄弟姉妹の平等な相続も、同じような結末になることが多いのである。もしそれが子孫への愛情から出たものであるのなら、それは実に誤った愛情なのである。

富の遺贈について

富の処分の一つの方法として、財産を公共機関などに遺贈することがある。しかし今、子細にそれを見れば、満足できるような結果をあげているものは、ほとんどないと言ってもよい。仮にある程度の結果をあげているものがあるとしても、もし、遺贈者が生前にその富を適当な機関に寄付して、自らその運営に責任を負えば、なお見るべき効果をあげられるのである。富の運用は、その富を蓄積した者が、もっとも多くの経験と知識を持ち、もっとも多くの結果をそこから引き出すことができるものである。

富を運用することは、富める者の権利であるとともに責任でもある。なぜなら、蓄積された富を真に社会のために役立つように使うことの困難さは、富を蓄積する困難さと比べて少しも変わりはないのである。

事業に成功して富を蓄積し、人生を全うしたとしても、蓄積した富を運用する責任を放棄して、その責任を第三者に押しつけてこの世を去るようでは、富の活用の責任を全うしたとは言えないし、富める者としての当然の義務を果たしたとはいえない。つまり、遺贈は多くの場合、賞揚にあたいするものではないのである。

相続税について

今日、世界のいくつかの国で、新しく税制を設け、また税率を改正して、巨大な遺産を相続した人に、相続税を課そうという動きが見られる。

私はこれはたいへん喜ばしい傾向だと思っている。たとえば、ペンシルヴァニア州では、若干の例外を除いて遺産に一〇パーセントの税金を課すことになっているし、先年、イギリスの国会に出された予算案の中には、遺産相続税による収入を倍加しようという計画があった。

この計画で注意すべきことは、収入の倍加を税率の倍加によらず、累進税率を設けて、相続財産が多額になるほど、負担すべき税金の割合を高くしようとしていることである。

さまざまな租税のうちで、このような相続税ほど公平で賢明な租税は他にないだろう。いかなる人も社会によって生かされ、社会に存在することによってのみ、富を蓄積することができたのである。

このことを忘れて、その人が利己的な生活に終始するのなら、仮に富豪と呼ばれていたとしても、それはまったく価値のない生活だったと言わなければならない。

その死に際して、国家として重税を課し、富の一部を社会に戻すことは、道理にはずれたことではなく、それこそ自然の道理なのである。

富豪と呼ばれる人が死ねば、その妻子が相応の生活ができる程度の暮らしを立てるための資産の相続については無税とする。しかし、それを超える分については、急激に税率を引き上げる累進税率を採用して、その多くを社会の財産とすることである。

累進税率を持った相続税法が一般化すれば、**巨額の資産を持つ富豪は、自分の資産をつとめて自分が生きている間に処理しようとするだろう。また、その用途も必然的に、税金で賄うことにはなじまない、有益な使途に限られるようになるだろう。**これは社会の進歩と発展にとって、きわめて好ましいことなのである。

相続税については、それが企業経営に悪い影響を与えたり、人々が貯蓄しようとする意欲を失わせるのではないかと心配する人たちがいるが、そのような心配はほとんど不要である。なぜなら、巨額の資産を残して、自分の死後もその名前を後世に伝えようとするような人は、相続税額が巨大になるほど、その税額が人々の注意をひくことを考えて、より以上に富の蓄積に励むことになるからである。

生存中の富の運用

富豪と呼ばれる人が、自発的に自分の富を社会のために提供することは、まず今日の富の不公平な分配を、少しでも公平な方向に近づけることになる。またそれによって自己の努力や才能とは関係のない貧富の差を縮めて、調和の時代を生み出すことになる。

それは共産主義者たちが主張するように、現代の文明を根底から転覆するような暴挙によるものではなく、理性と知性によるものである。それは現状からわずかに一歩を進めて、ユートピアに至るための唯一の方法なのである。

この富の運用方法は、今日の完全な個人主義を基礎にしたものであり、法律や規則をもってその方法や範囲を限定するものではない。社会の進歩や要求に従って、常にもっとも適当な方法を考えて、漸次実行に移していけばよいのである。

この方法が完全に実行されれば、富豪の持つ巨額の財産もすべて社会共同の利益のために使われることになるから、実際にはその資産は社会が所有する資産と変わるところはないのである。また富を生み出す段階では、富を分散させて小規模なものにすれば効率が低下するが、有能な人の手に集中して使用されれば、社会の発展のために大きく貢献するのである。

これは、租税などの零細な資金を集めて、巨額の資金として、これを公共の目的に使用することで、国民に大きな利益を与えることと本質的に変わりはない。もし、集めた資金を公共の目的に使わず公平に同額ずつ分配すれば、ほとんどの場合、その資金は飲食などに浪費されて社会のために何の役にも立たないのである。

先年、ある有名な富豪がその死に際して、ニューヨーク市に五億ドルもの巨額を、図書館建設のために遺贈したことは、まだ記憶に新しい。しかしこの富豪は、その晩年に経営する事業に争議が続発し、たびたび世間から強い非難を浴びなければならなかった。もし彼が、死後ではなく生前に図書館建設のための資金を寄贈していれば、社会が彼を見る目もまったく違っていて、争議の続発に悩まされることもなかったのではないだろうか。

いずれにしても、その結果、世界のほとんどの書籍を集めた図書館を国民は一セントの負担もなく利用することができるようになったのである。この図書館を利用できる範囲に住む好学の青年に与える利益を考え、仮にこの五億ドルを多数の市民に平等に分配した結果を考えるのなら、どちらがより社会のために有益かは言うまでもないことである。

富を持つものの幸福と義務

人の一生で、富を求めるためにめぐりあえる機会は、決して多いとは言えない。しかし、そのような中でも、富豪でなければ味わえない満足と幸福がある。その幸福とは、自分が生きている間に、公益を目的とする財団法人を組織し、基本財産を寄贈することで、そこから生み出す利益をもって、社会に永久的に利益を与え続けることを自分の目で確認できるということである。そのような行為が、富豪の生涯を高尚なものにし、神聖なものにすることができるのである。

主イエス・キリストは、「汝ら、兄弟たちのために働け」と教えたが、その心を忘れなければ、富める者がその富と自己の能力を使って、貧しい兄弟たちのために働く方法はいくらでもある。

私が、富豪と呼ばれる人たちの義務だと考えていることは、次のようなものである。

まず、自分にどれだけの収入があったとしても、ぜいたくを避け、常に質素に暮らすことを心がけなければならない。自分の資産のうち、妻子には生活が成り立つ程度の少額の資産を与え、それを超える資産は、社会からその運用を信託された財産であり、自分はたまたま、その受託管理者に選ばれたのだと考えなければならない。財産の運用は常に、どうすることが財産の信託者、つまり社会の利益になるかを熟慮した上で行わなければならない。それは信託財産の管理者として当然の義務なのである。

自分が信託財産の管理受託者に選ばれたのは、資金を運用するための知識、才能、経験が社会から評価された結果であるということを認識し、社会の個々の人たちが運用するよりもより優れた成果を得られるように、常に努力しなければならない。

もちろん、このような論議は、難しい問題がある。家族に残す少額の資産とは、どの程度を指すのか、ここに数字をあげることは、必ずしも適当ではないだろう。それは富豪が置かれている境遇が人によって異なり、境遇が異なれば、標準もまた異なるからである。たとえて言えば、このような問題に明白な境界や標準を設定しようというのは、人の品行の方正や、趣味、嗜好の高尚、下品の程度を論議するようなものであり、すべての人が納得するような結論が出ることはあり得ないのである。

もちろん、このように言っても、社会一般の常識や慣習をもって、およその所を定めることは、決して難しいことではない。社会の常識や慣習から外れた行為は、たとえ表面は何事もなくても、陰では人々の反感を買うし、ぜいたくすぎる服装や、下品な趣味に対する社会の判断はきわめて鋭敏である。

何がぜいたくなのか、何がその人にふさわしい生活なのか、暴利をむさぼり、貧しい人を泣かせて富を蓄積しているのか、倹約に励み、知力を尽くして富を蓄積しているのか、公益団体への寄付や遺贈はその人にとってふさわしいものか、こういったことの判断は、社会の世論にまかせておけば、およそ誤ることはないのである。

本当の慈善行為とは

富の運用の方法については、相続や遺贈によらず、自己の責任で生存中に行うことが、もっとも望ましいことはすでに述べたとおりである。そして、富を巧みに用いることは、その人が賢明でなければならない。求められるままに寄付に応じてその結果を考えなかったり、また恵みを受ける人たちが、どのような人たちであるかを考えずに、無用ともいえる慈善行為に熱中するのは、社会にとって有用な行為とは言えないのである。

慈善と称する行為のほとんどは、それを受ける人の遊び癖を助長し、泥酔を励まし、怠惰を奨励しているのと変わりはない。このような無用の行為に大金を投じるのなら、むしろ、その金を海中に投じるほうが社会のために役立つといえるのである。

今日、アメリカで慈善のために使われている一〇〇〇ドルのうち、九九〇ドルは誤った使い方をされている。

最近、私が目撃した一例をあげてみよう。ある哲学者が、友人を訪問するために道を歩いていたところ、近づいてきた乞食の男に二五セントを与えたことがあった。この哲学者は、乞食がどういう男か、ふだんはどういうことをしているのか、与えた二五セントがどのように使用されるのかを何も知らないのである。

彼は、慈善を施すという自分の感情を満足させ、乞食にまといつかれるという、うるささから逃れるためだけに二五セントを投げ与えたのである。

この哲学者は、原因があれば必ず結果があると説く有名な哲学者ハーバード・スペンサー氏の門人だが、二五セントが原因となって、どのような結果になるかを考えなかったのである。しかし、そのことで、氏を責めることは酷かもしれない。多くの人々は、慈善とは、ただ金を与えることだけとしか考えていないのである。

社会に役立つ真の慈善

慈善を行い、人に何かを与える人がまず考えなければならないのは、助けるべき人は、自分自身で努力している人に限るということである。

いっそう改善を試みる人に、その手段の一部を与えて助力をすることが真の慈善であり、手をあげて待っている人を助けることではない。向上心ある人のみに部分的な助言を与えるべきであって、その全部に手を貸すというようなことはしてはならないのである。

もともと自尊心のある人なら、関係のない人から無料、無償の援助を得て、何かを成し遂げようということは、恥ずかしいことだと考えるのが普通である。

助力を受けるだけの価値のある人が、自発的に助力を受けようとして、第三者に働きかけることはほとんどないと言ってよい。真に価値のある人が第三者に援助を求めるのは、不時の災害に遭ったときか、突然の変化に対応できなかった場合だけである。

注意して、まじめに働く人たちを見ていれば、一時わずかな助力を与えることで、大きな成果を得られることも少なくない。気がつけばそのような人に、すすんで援助の手を差し伸べることが望ましいが、どこまで援助することが適当なのかは、援助を受ける人の事情をできるだけ詳しく知るようにする必要がある。
いたずらに慈善に走らず、価値のない人を助けないことも、価値のある人を助けるのと同じように必要なことなのである。何も確かめず、ただ言われるままに助力を与えることは、力を与えてはならない人に力を与え、力を与えなくてはならない人を黙殺する結果になるだろう。

富豪の援助が社会にもっとも役に立つ分野は、奨学金制度のように、人々が高いところに登る足場を作ることである。そして、その足場の利用を認めるのは、自ら高いところに登る努力をしている人に対してだけである。また、**無料で利用できる公共施設、たとえば図書館、公会堂、公園、美術館などを提供するのは、富豪の責任である。**

なぜなら、このような施設の建設を税金に頼れば、より緊急度が高いといわれる施設への投資が優先するため実現がきわめて難しいからである。

富を持って死ぬ者は不名誉である

このようにして富める者が努力を続ければ、貧富の問題は時間とともに解決していくことになる。この方法のよいところは、富を生み出す方法は、もっとも効率の高い現在の方法をそのままにして、生み出した富の分配の法律も変えず、社会秩序の源泉である個人主義も存続させることである。

思慮があり、社会の進歩と発展に熱心な人の手に集まった富は、富豪の個人的な利益や享楽のためではなく、公共の利益のためにのみ用いられて、社会組織は急速に発展していくことになる。そしてその兆しはすでに現れはじめているのである。

自分の死後、財産の大部分を公共のために遺贈する人は、現在はまだ、その行為によって社会に賞揚されたり、失笑を受けることはない。しかし、自分の生存中に自分の富を運用することができず、さりとて、なにほどの富であれ、天国にも地獄にも持ち込めないため、やむなく遺贈したということがわかるようになれば、その富豪の死に当たって一人の泣く人もなく、弔う人も、敬う人もいなくなるときがやってくるだろう。

いずれ、人々はそのような富豪の死に際して、次のような弔辞を贈ることになるだろう。

「富を持って死ぬ者は、真に不名誉である」

⚜ 第二次世界大戦後、最近まで日本の発展を引っ張ってきたのは、一群の創業者タイプの経営者だった。中でも松下幸之助は、その経歴や、自分の事業を弱電一つに絞ったこと、技術開発と同時に販売力強化につとめたこと、労働組合を育てて従業員の要望を先取りしていった経営などは、カーネギーと大変よく似た生き方である。

他にも、ソニーを育てた盛田昭夫、三洋電機を興した井植歳男、ダイエーを創業して流通大学を設立した中内㓛、アメリカにビッグスリーを脅かす自動車工場を建設したホンダの本田宗一郎と言った人たちが現れて日本の経済システムは奇跡に近いほど順調に機能した。

彼らは現代の富豪と呼べるだけの富を築いたが、その事業を通じて富豪の名にふさわしい社会への貢献を行ってきている。

しかし、二〇世紀も終わりに近づいたころ、地価の上昇を最大の原因とする富豪が、各地に現れるようになった。彼らのほとんどは、自分の才能によって富を生み出したのではなく、富の分配システムがうまく機能しなかった結果生まれた、資本主義の奇形児ともいえる富豪たちである。カーネギーの言葉を借りれば、「富を生み出す才能もなく、そのための忍耐もしなかった者に富が蓄積したこと」で、これから何が起きるのかを、国民全体で考えなければならない事態が、思いがけなくやってきたのである。

このような富の蓄積のシステムをそのままにしておくことは、日本の将来にとって好ましいことではない。この問題については、どのような解決ができるかはまだわからないが、私たちは新しい『富の福音』の哲学をつくりあげる共通の責任を、次の世代のために負っていることだけは自覚しておこう。

天国のカーネギーから、そして世界の人たちから「日本の富は人類に害を与えることがあっても利益を与えたことがない」と言われないためにも、私たちは、この問題に真剣に取り組まなければならないのである。

Ⅱ　富を社会に還元する最良の方法

誰を助けるのか？

前節で私は余財を用いる方法はただ一つしかないことを説き、富豪は社会に利益を還元すべきことを述べた。では、次にその最良の方法をあげてみよう。

人に請われて支払いを承諾することだけでは、真の慈善とは言えない。それは寄付を求める相手が路傍の乞食であっても、社会的に高い地位を持つ慈善団体であっても同じことなのである。

慈善を行うということは責任を伴う行為である。慈善を行う者はその行為によって、援助を受けた者を結果的に堕落させないように注意しなければならないという、与える者の義務を考慮したことがあるだろうか？

たとえば、貧しい人たちに生活のための資金を毎週、あるいは毎月与えて、彼らに安心感を与えれば、その結果どのようなことが起きるだろうか？　彼らは与えられた援助に感謝し、生活に希望を持ち、技術を習得し、より高い生活のレベルに達するように、喜んで力いっぱい働くだろうか？　残念ながら、人の性質は、そのようにはできていないのである。彼らはたちまちのうちに、汗を流して働くことを好まなくなり、怠惰に時を過ごし、わずかな収入を生活のためではなく飲酒や賭博に消費し、ただ援助の額の少ないことに不平を述べたてたりするようになるだけなのである。

大都会の街頭では、貯蓄を好まず、収入は多少にかかわらず無計画に消費し、遊ぶことは好んでも働くことは嫌い、生活を改善する意欲がなく、人格を失ってしまった人たちをしばしば見かけるものである。

彼らを時代の波に乗り遅れた落伍者と哀れみ、富豪が大金を投じて、まじめに働く市民に改造しようとしても、成功することはない。このような札付きの浮浪者たちは、慈善の名に値する対象ではないのだから、国や市が建設している施設に収容して、衣食住を与えて一般市民から隔離することである。

彼らの生活のあり方は、悪性の伝染病のようなものである。私たちの社会には貧しい生活をしている考えの浅い人たちが多くいる。そのような人たちは、目の前に慈善団体からの贈り物にすがって、働かずに生活している人が多くいれば、自分たちも彼らのまねをして、働かなくても食べられるようになりたいと考える。このように、他人の援助を頼りにすることを恥としない人たちは、社会に甚だしく害毒を流す存在なのである。彼らを公共の施設に収容して衣食住を与えるのは慈善のためではない。まじめに働く貧しい人が、彼らのような悪習に染まらないようにするためなのである。

社会主義者たちは、空理空論をもって社会の秩序を破壊しようとしていると責められているが、私も、社会主義者たちは人類の進化を阻害するものだと思っている。しかし、二〇人の社会主義者よりも、一人の浮浪者のほうが、社会に与える害毒は大きいのである。依頼心が強く、すべてを人に任せ、自分の生活が成り立たないのは、他人の責任だとするような人たちを助けるべきではない。富豪がその生活を助けるべき人たちはそのような人たちではない。**自己の将来に希望を持ち、勤労と勉学に励み、貧しくても意欲があり、強く向上を望み、努力を続ける人たちが、助けられる価値のある人たちなのである。熱心に自分自身を助けるために努力している人こそ、助ける価値があり、その結果が社会の利益ともなるのである。**

慈善事業に携わる人は、自分たちの行為が社会に害を与えることになっていることを知らなければならない。相手が、ただ生活に困窮しているというだけの理由で、軽率に援助を与え続ければ、最後には、援助を与えた人の真意とまったく反対の結果になるのである。

そのような慈善事業なら、何もしないほうが、より社会のためになるのである。

誰かが援助を求めてきて、もし、それに応じる意思があるのなら、その人は小切手を切る前に、援助を求める理由を明確に問いたださなければならない。その答えが明確でない場合は決して援助に応じてはならない。それは富豪の義務なのである。

私がアメリカの富豪たちの慈善に対する考え方や行動を観察した結果では、アメリカの富豪たちは慈善行為をしないのではなく、ただ請われるままに、ほとんど何の考えもなく、慈善行為を行い過ぎているのである。何も考えない軽率な慈善行為が好ましくないことは、何度も指摘したとおりである。残念ながら私は、今日、慈善のために使用されている一〇〇〇ドルのうち、九九〇ドルは海中に投じるほうが、より社会のためになると信じざるを得ない。今日では富豪たちに軽率な慈善行為をしないように強く要請するほうが、慈善のための寄付を求めるよりも、人類社会の発展にはるかに役立つのである。

⚜

カーネギーは、社会事業のために、その膨大な私財を寄付し続けた人であるが、慈善事業からの寄付の求めには、ほとんど応じなかったようである。カーネギーは、慈善に使われる一〇〇〇ドルのうち九九〇ドルは、海中に投げ捨てるほうが社会のためになる、とさえ言い切っているのである。

カーネギーが心配したように、行き過ぎた慈善や社会保障が国の活力を奪うことは誰の目にも明らかである。現実にアメリカでは、三世代続けて社会保障による援助を受けている家族がいるという、信じられないような報告さえある。

しかし、カーネギーは、貧しい不幸な人に理解を持たなかった傲岸不遜な一面を持つ新興ブルジョアだったのだろうか？　カーネギーが製鉄業に参入してまもなくのことだったが、取引先の炭坑で爆発事故が起きたことがあった。そして、爆発で炭坑の中に閉じ込められた同僚を救うために、率先して坑内に入り、自分もまた事故の犠牲になった勇敢な監督がいた。新聞の報道でこのことを知ったカーネギーは、この監督の勇気を讃えて、自分から申し出て、遺族に年金を贈ったのである。

カーネギーはこのあと、自分が経営するすべての工場で働く人を対象に、現在の労働者災害保険に相当するものを設けて、事故で働けなくなった労働者や死亡した労働者の遺族に年金を贈るようにしている。労働者は使い捨てるものとしか考えていなかった資本家が多かった当時としては、これは、まったく異例のことだったのである。こうして、カーネギー・スチールに働く労働者は、労働災害について心配する必要がなくなったのだが、カーネギーはこれを経営者の当然の義務と考えていた。

慈善事業も一つ間違えば…

社会の発展の基本は、人々が自立して、各個人の責任と権利で、あるときは協力して、あるときは競争して、自分の生活の向上を目指して働くことである。しかし、今日行われている慈善事業の実態を観察すれば、その根本に、このような社会の発展の基本を価値あるものとして大切にすることや、人々が自立して、各個人の責任と権利を尊いものとする考えは、どこにも見出せないのである。

社会には多くの慈善団体があり、社会を害する事業のために、毎年、巨額の寄付を集めている。貧しい人に衣食を与えればそれでよしとして、ただ、与えるだけのことを繰り返せば、それは貧しい人たちに、慈善事業に寄りかかって無為に生活することを教えているにすぎない。別の言葉で言えば、そのような慈善事業は、年々、依頼心の強い浮浪者を作り出す事業を、大金をかけて行っているのである。

無分別に安易に寄付を繰り返しても、慈善という仮面をつけていれば、その悪を覆い隠し、慈善事業の実態を知らない人たちは、富豪が安易に寄付を繰り返す行為を褒め讃えたりするものである。しかし、一人の浮浪者に衣食を恵むことは、やがて何百人もの浮浪者を作り出す愚行を行っていることなのである。

人々は富豪が慈善団体に寄付をすることも、慈善団体が富豪に寄付を求めることもあやしまないが、そのやっていることは、浮浪者が小銭を通行人からせびることと、本質的には変わりがなく、社会に流す害毒は人数が多いだけにむしろ強烈なのである。

私がかつて愛読したプルタルコスの『道徳談』には、次のような一節がある。

「一人の乞食が、通行人の袖を引いて、喜捨を乞うた。それに対して通行人は答えた。『一番最初にお前に小銭を与えた人がいたため、それがお前を怠惰にして、現在のように卑しく、恥ずべき生活を送らせるようになった。今、私がいくらかの小銭をお前に与えれば、お前はこれより後、今よりももっとみじめな乞食になるだろう』」

私はアメリカの富豪と呼ばれる人たちに多くの友人がいる。彼らの多くは慈善事業に熱心だが、彼らのしていることが、プルタルコスの教えるように「みじめな乞食」を作るだけの結果になっていることを知る人はほとんどいない。

「慈善」というものの実態を考えれば、毎年、巨額の資金を慈善事業に投じている富豪は、社会のために良いことをしているのではなく、それよりもはるかに悪いことをしているということを知って自分を恥じるようになるだろう。この意味からすれば、ただ富を蓄積することだけに夢中になっている富豪は、まだ罪が軽いとさえ言えよう。

カーネギーが好まなかった寄付の一つに宗教団体への寄付がある。カーネギーはこの社会をつくった唯一の神が存在するということは信じていたようであるが、自分の身体は死ねば土に帰り、魂というものがあるのなら宇宙と一つになると考えていた。当然、来世の天国を願っての宗教活動というものには、まったく無縁だったのである。

カーネギーが行った宗教施設への寄付に、小さな教会に対するオルガンの寄付がある。カーネギーは一定の基準を設けて、それに該当する教会に対しては、宗派を問わず申し込みがあれば寄付に応じていたが、寄付は全額ではなく二分の一とし、オルガン工場からの請求書を付けることを条件としていた。

またオルガンにカーネギーの名前を入れることを禁止して、売名行為とされることを強く戒めている(カーネギー・ホールの名称は後年の俗称が一般化したものである)。

このために、寄付したオルガンの総数についての記録はないが、アメリカ、ヨーロッパを通じて数万台に及ぶ膨大なオルガンが寄贈されている。

カーネギーのこのような寄付は、教会の公共性を助けるために行ったものであり、カーネギー自身は宗教活動とは考えていなかった。

教育・文化事業を考える

教育事業への寄贈・援助は、各国にも、その例は多くあるが、最近のスタンフォード氏による総合大学設立のための寄贈は、その金額の巨大さにおいて過去に例を見ないものである。

スタンフォード氏は、まず設立のための基金として二千万ドルを提供したが、聞くところによれば、その建築設計だけでも一千万ドルを必要とするという。その構想が実現すれば、社会にどれだけ多くの利益を与えることになるかは、はかり知れないものがある。富の運用方法としては、真に理想的なものだと言えるだろう。

アメリカには、ジョーンズ・ホプキンス大学、コーネル大学、パッカー大学など、大学に個人の名前を冠したものがたくさんある。しかし、これらの大学は、おおむね遺贈によって建設されたものである。これらの大学の建設は、極言すれば、富豪が富を携えて天国に入ることが不可能なために、やむを得ず行ったものであり、社会が声を大にして褒め讃えるようなことではない。

しかし、クーパー・プラット、スタンフォードの諸氏の場合のように、**生存中に巨額の**

寄付を行い、また大学建設のために多くの時間を割き、建設と運営の責任も負担したことは、大いに賞揚する価値のあることである。

現在、アメリカにはすでに多数の大学があり、今後、富豪の名を冠する新大学を創設する必要はほとんどない。しかし、このことで、富豪が大学教育に関心を失うようなことがあってはならない。今後は既存の大学を拡張発展させることがより望ましい方向であり、大学への援助は富を運用するもっとも望ましい方法の一つである。

また、富豪にその意思と能力があるのなら、近時めざましい発展を遂げつつある自然科学の分野への援助も、きわめて意義のあることである。その一例をあげてみよう。

文化事業の一端に天文学がある。近年、富豪のリック氏の援助によって、太平洋岸に新しく天文台が建設された。もし、富豪で少しでも天文学に興味を持っているのなら、リック氏のように、この分野への援助を行うことである。

なぜなら、最近の天文学の知識や、観測機器の発明改良はめざましく、天体の運行に関する知識をさらに精密なものにするためには、数年ごとに新しい機能を備えた巨大な天体望遠鏡を設置する必要がある。

私の家族がアメリカに移住した最初の町アレゲニーには天文台があり、天体の運行の観測を行っている。これはピッツバーグの富豪ソウ氏が、建設と運営に必要な資金の負担を続けてきたためである。世界的な天文学者として知られるラングレー教授の研究を、資金面で支えてきたのも、ソウ氏である。

また現在、世界の主要な天文観測所に設置されている精密な天体望遠鏡をはじめ、多くの観測機器は、ピッツバーグのブレーシャー氏が製造したものである。ブレーシャー氏は、もとは器械職工であったが、発明の才能によってソウ氏に知られ、ソウ氏の援助のもとに天文観測機器の製造につとめ、のちにその知識をもって大学の天文学の教授となった。

このようにソウ氏が、世界的に名前の知られた二人の天文学者を助けたために、二人の協力によってさまざまな天文学上の発見がなされ、アメリカの天文学の世界における地位を高めることに成功したのである。

公園、植物園の建設と都市の美観

休日に人々が集まる公園等の設備を作って、自分が生まれ、あるいは永住した市に贈ることは自分自身を記念する方法としても、もっとも優れた富の運用法である。

また、公園を贈られた市が、その返礼として、その公園に寄贈者の名前をつけることも、好ましいことである。たとえば、ピッツバーグ市にシェンレー公園を寄贈したシェンレー夫人の場合を見てみよう。シェンレー夫人はピッツバーグに生まれて、少女時代をそこで過ごしたが、十代の時に英国人と結婚してロンドンに渡り、四〇年間、イギリスに定住している婦人である。

しかしなお、四〇年前の故郷を偲《しの》んで、ピッツバーグ市にシェンレー公園を寄贈したものである。このことによって、夫人の名は故郷の人たちに永久に記憶されることになったのである。

すでに公園を持つ都市にも、富豪がその富を有効に使用する方法がある。アレゲニー市のフィップス氏は、同市の公園に植物園を建設して寄贈した。この植物園は日曜日のみ公開されているが、このために、日曜日には多いときには数千の労働者とその家族が、季節の花や珍しい異国の植物などを楽しむために植物園を訪れている。

富豪の中には、花卉《かき》に趣味を持つ人が多いが、その趣味を自家の庭園に限らず、公園の中に、このような公共の施設を作って、多くの市民が同じ趣味を楽しむことができるようにすることは、きわめて有益なことである。

またフィップス氏は、寄付の秘訣を知る人である。それは、植物園の通常の維持管理費をアレゲニー市民の負担としたことに表れている。このようにすれば、市民は植物園は自分たちが所有するものであると自覚して、常に施設の保全に心がけるようになるのである。

もし、フィップス氏が植物園を維持する費用まで負担すれば、社会は植物園を良好な状態のもとに管理することに注意を払わなくなるのである。

ヨーロッパ諸国は、その主要都市のほとんどに整備された美しい公園、図書館、博物館、美術館を持っている。私は数年前にノルウェーに旅行してベルゲン市の公園を訪れたことがある。北海を西に望むこの美しい公園は、もとは荒れ果てた岩肌を剥き出した丘であったが、今は噴水があり、大小の滝があり、閑静なレストランがあり、広い公園には、図書館、博物館、美術館が点在して、市民のためのいこいの場となっている。

これらの施設はすべて、この地域にある漁業会社をはじめ、ベルゲン市に関係のある富豪の寄付によって建設されたものである。**このような公共の施設への寄付は、富豪の富の運用方法としては、もっとも賢明な方法であり、その効果は永久に消えることのないものである。**

都市の美観は、そこに住む人たちの品位を語るものである。ドイツのドレスデン市では、同地の大新聞社のオーナーが死去に際して、新聞社の毎年の純益の一部を、都市の美観を確保する目的で、永久に市に寄贈することを約束した。

ドレスデン市では都市の美観に関する委員会を設けてたびたび会議を開き、美観を増す建造物等を奨励し、あるいは美観を損なう建造物等の撤去等を勧告するに当たって、必要な経費をこの収入から支出するようにした。このためドレスデン市は世界でもっとも美しい都市の一つとなっている。私はアメリカの富裕な新聞社のオーナー諸氏に、このドレスデン市の新聞社主のようになられることを、心から望みたい。

ヨーロッパの古い歴史を持つ都市では建造物は外観に装飾のあるのが普通である。また、建物の装飾のために支出される金額は決して少なくない。これに比べてアメリカ合衆国における物質文明の進歩は世界に誇るものであるが、都市の美観や建造物の美術には世界が注目するような事業はまったくない。都市の美観と整備は、富豪が関心を持って取り組むべき重要なことなのである。

カーネギーのあまり知られていない珍しい寄付に次のようなものがある。

カリフォルニア州の南部にあるパロマ天文台は、カーネギーの努力によって建設されたものである。カーネギーは求められて天文台建設のための寄付をしただけではなく、カーネギー研究所からG・E・ヘールを送って、天文台の建設に関する業務をいっさい担当させた。

ヘールはカーネギーの委託に応えて、パロマ山頂に当時世界最大と言われた一〇〇インチ反射望遠鏡を、カーネギーの死去の二年前の一九一七年に完成させている。この結果、今まで観測が不可能だった二一等星までが観測可能になり、人類の宇宙に対する知識は飛躍的に増大したのだった。

パロマ天文台の建設と並行して、一九〇三年、パロマ天文台のすぐ近くにあるウイルソン山にも天文台を建設する計画が決定された。設置される反射望遠鏡は、口径がパロマの二倍もある二〇〇インチの世界最大のものであった。

カーネギーはヘールに事業を続行するように命じた。ウィルソン天文台が完成したのは、カーネギーが死去してから三〇年もたった一九四八年で、反射望遠鏡の製作費用六五〇万ドルを負担したのはロックフェラー財団だった。しかし、天文台ではカーネギー研究所から派遣されて、この望遠鏡の製作に生涯をささげたヘールを記念して、この望遠鏡をヘール望遠鏡と命名している。こうして、現在でも世界最大である二〇〇インチ反射望遠鏡を備えたウイルソン・パロマ天文台が誕生したのである。

カーネギーが行った珍しい援助の一つに、船体、船具の金属部分のすべてを銅製にした観測船がある。このきわめて高価な船は、羅針盤を用いて、合衆国やヨーロッパの海岸線を測量するのに用いられた。普通は鉄を使うところをすべて銅で製作したため、羅針盤が鉄の持つわずかな磁気に影響されることなく、非常に精密な観測が可能になったのだった。

人はパンのみにて生きるに非ず

富豪がその富をもって公園を整備して寄付することには同意するとしても、さらに植物園を作り、美術館を建て、その他、都市の装飾等を手がけるのは行き過ぎではないか、と感じる読者もいるかも知れない。確かにこのようなことは、理想に重きをおいているので、物質的な利益を直接計れるものではない。

しかし、都市の美観や美術等に大金を投じるのは、一般大衆のために無用のことであると断じるのは、甚だしい偏見誤解である。優れた美術品は、図書館の蔵書、博物館の展示品と同じで、多数の市民の中の聡明な少数の人たちが、これを鑑賞することができればよいのである。

もともと、美とはなにか、美術とはなにか、芸術とは何かを理解できない人たちに、美術品について語る必要も意味もないだろう。しかし、公共のための美術館を建設し、美術品を鑑賞することを好む聡明な人たちに、より多くの優れた美術品を鑑賞する機会を与えることは、きわめて意味のあることなのである。

自然が私たちに贈ってくれた美しさを多くの市民に分かち与えることも、大きな意義のあることである。たとえば、フィップス氏がアレゲニー市に寄贈した植物園内の温室では、四季を問わず世界中の美しい花が咲き誇り、濃い緑が人々の目を休める。その美しさに驚嘆した労働者が、家族とともに再三、植物園を訪問して、美的感覚を養うことは、彼らにただ一片のパンを与えることよりも、はるかに優れたことなのである。

なぜなら健全な身体を持ちながら、その人生を楽しむことのできない人を助けるのは国家の義務であり、個人レベルの問題ではない。

人はパンのみで生きているのではない。都市に公園を作り、植物園を建設し、壮麗な建築物を建てて、さらに記念碑を作り、噴水の設備を設けることは、富の最良の利用法の一つと言えるのである。

価値ある貢献の仕方

富豪がその富を社会のために運用する方法は、ここにあげた以外にもなお、さまざまなものがある。ここには、私が正当で有益な方法と考えたものの一部を示したに過ぎない。

しかし、自分の力で社会のためになることをするのは、富豪だけの特権ではない。中流の生活をする人も、生活に若干でも余裕があれば、みな、この特権を手にすることができるのである。

また、資力のない人も、時間と労力を提供することで、同じ喜びを得ることができるのである。そして労力の提供は、資金の提供に劣るものではない。むしろ、多くの場合、資金の寄付よりも価値を持つのである。

富の賢明な運用法についてはここに書いたとおりであるが、私はこれを持って、富豪に富の運用方法を同じようにしようと提案しているのではない。富を提供する人が異なり、あるいは富を使用する場所が違えば、その方法も異なって当然である。要は、事に当たって、細心熟慮して、時と所に従ってとるべき方法を選ぶことである。

今、私はあえて細心熟慮と形容したが、**富の運用は、その結果を考えるときには、常に世間の毀誉褒貶《きよほうへん》を超え、人生の他のもっとも重要な義務と同じように大切な義務であるということを忘れないことである。**

再言すれば、公園を造り、または植物園などの施設を建設すること、美術館に展示するために絵画を集めること、あるいは記念碑などを建てることは、図書館や大学、研究所などに寄付することと、社会を益するという点において差がないのである。

要は、各人が常に社会の動向に注意し、自分の欲望を制して、余裕ある場合は、その富を必ず自己の生存中に社会のために使用することである。

富豪がその死にあたり、携えていくことが不可能であることを悟って、遺贈を行うとしても、その運用の義務を他人に任せたままにするようでは、いささかも褒め讃えるべきことではない。それは、国家と社会のために犠牲を捧げたのではなく、**その富豪が死に臨むまで、国家と社会への義務を考えなかったことを、多くの人に知らしめる愚行にすぎない**のである。

富める者と天国の門

さらにここに、二〜三、宗教上の問題を取り上げてみよう。

聖書のもっともよく知られた言葉の一つに、「富める者が天国の門をくぐることより、駱駝《らくだ》が針の穴を通るほうが易しい」というのがある。これは果たして真実だろうか？

今日、科学上の疑問は、これを疑問のままに放置せず、すべてを研究して明らかにするようになっている。キリスト教の重要な教義についても十分な解釈が試みられるようになり、「富める者が天国の門をくぐることより、駱駝が針の穴を通るほうが易しい」という聖書の箴言《しんげん》を、そのとおりに信じる人はほとんどいない。

キリスト生存の時代は、貧富の差が激しく、社会の改革を志す人たちが富者を憎んだことは明らかである。今日の時代は、貧富の差はさらに大きくなり、社会制度の変革を唱える人たちが貧しい人たちを煽動して富豪を攻撃することが多くなっている。

そして、その攻撃を正当化する方法として「富める者が天国の門をくぐることより、駱駝が針の穴を通るほうが易しい」という聖書の箴言が用いられているのである。

宗教家は、この箴言をたびたび引用して、富豪は来世には必ず懲罰をこうむるだろうと説く。私は彼らの言葉を信じるものではないが、**「富める者が天国の門をくぐることより、駱駝が針の穴を通るほうが易しい」というキリストの教えと、私がしばしば語る「富を持ったまま死ぬことは恥である」ということは、その説かんとするところはほとんど同じであり、わずかな差があるだけである。**

私が説く富の福音とは、キリストの言葉を現代のアメリカに合わせて説いているのである。この富の福音を要約すれば次のようになるだろう。

「富める者は、母なる土地の中に眠る前に、その持てるものをすべて売り、その富を、貧しい人たちのためにもっとも有益な事業に使用することである。そうすれば、無用の富の蓄積者として、その生涯を終わることはない。このようにして最期の時を迎えれば、その死は金銭的には貧しい人の死と変わりはなくても、社会から受ける尊敬、愛情、感謝、称賛は限りなく、富を抱いたまま死に至る人に比べて、何十倍もの心の富者となることができるのである。

また、たまたま自分がアメリカに生まれ、富を得る機会に恵まれた結果、死してなお、世界の一小部分と言えども、これを善美なものにすることができるということは、天国の存在を信じる人は、大いに意を強くしてよいことである。このような富者には、天国の門は常に開かれ、決して閉ざされてはいないのである。

いたずらに富を蓄積して、その正当な使い途を知らず、自己の欲望を満足させるためだけに富を使う人たちは、天国に入ることができないということは信じうることだが、同時に富の福音の使徒が、天国の悦びを分かつことができるのは、真に疑いのないことなのである」

Andrew Carnegie

The Gospel of Wealth

第二章　富に対する誤解

進歩は貧困を生むのか？

イギリスで四度、宰相となったグラッドストーン氏は、富が増えることは必ずしも喜ぶべきことではないと説いている。しかし私の経験から言えば、どのような点からみても富が増えることは人類にとって大きな幸福なのである。富が増えれば社会を構成するすべての階級が、みなその分配にあずかることができるからである。

特に労働者が最近、より多くの分配を受けられるようになってきたのは、私の独断ではなく、多くの実例をもってこれを証明することができるのである。

思慮の浅い人たちは、最近アメリカに多くの大富豪が現れたのを見て、社会の富は少数者のもとに集中しつつあるがごとく考えている。

しかし、事実はこれと正反対であり、アメリカの開拓時代には、少数の富豪が社会を支配していたことはあったが、今日では、一度手にした富を失うことはしばしばあっても、富を生み出すことははるかに困難になっているのである。しかし世間には、なんら事実をわきまえずに、「カーネギー氏の成功は同胞の貧困の上に築かれたものだ」と論じる人がいる。そのような偏見に私は驚かざるをえない。

高名な経済学者として知られているヘンリー・ジョージ氏はその著書『進歩と貧困』で、社会の進歩が貧困を伴うという、驚くべき誤解を、正当なものと説いている。

今日、社会経済を論じる学者で、かつてヘンリー・ジョージ氏が著した『進歩と貧困』について、その不備を指摘しない人はいない。学者の多くは、『進歩と貧困』は、まったく誤った考え方であり、「進歩と富裕」こそ正論であると説くのである。

ヘンリー・ジョージ氏の論拠は二点に絞ることができるだろう。その一は、富者はますます富み、貧者はますます貧窮に陥る、ということである。その二は、富の源泉である土地は、ますます少数者のもとに集中しつつある、ということである。

しかし、アメリカにおいては事実はまったく逆であり、富める人たちは漸次貧しくなりつつあり、貧者は逆に漸次豊かになってきているのである。また、土地は少数者の手を離れて、より多くの人たちのものになりつつあるのである。

経済学者アルホール氏は、その著書『五〇年間の国家の進歩』の中で、「富が少数者のもとに集中するという傾向は認められない。富者はその富を減少させつつあるが、人口に比例して観察すれば、貧者は年々その数を減らし、富者はその数を増しつつある」と主張している。

このことはアメリカの国勢調査を見れば、アルホール氏の主張が正当なことがただちに判明するのである。以下に一例をあげてみよう。

●アメリカの農地総面積と耕作者

年度	耕地総面積（エーカー）	耕作者数（万人）	平均耕作面積（エーカー）
一八五〇	一、四四九、〇七三	七一四	二〇三
一八六〇	二、〇四四、〇七七	一、〇二七	一九九
一八七〇	二、六五九、九八五	一、七三九	一五三
一八八〇	四、〇〇八、九〇七	二、九九二	一三四
一八九〇	四、五六四、六四一	三、三四四	一三七

このように、土地所有者の数は年々増加していくのに対して、一人平均所有額は減少しているのである。

これはアメリカだけの現状ではなく、イギリスにおいても、法律をもって農地の細分化を防止しようとまでしているにもかかわらず、このような状態が見られるのである。それでもなお、ジョージ氏を支持する人々は、『進歩と貧困』を主張しようというのだろうか？

富豪の出現は社会に利益をもたらす

世間の軽薄な評論家たちは、ジョージ氏の説を引用して私の意見を非難することが多いが、高名な社会科学者であり哲学者でもあるハーバート・スペンサー氏は、『進歩と貧困』を数ページ読んだだけで、無用の本としてこれを投げ捨てたという。

ジョージ氏らの論点は、社会の進歩発展は富を偏在させて、市民の貧困を招くということに尽きるが、私の経験から言えば、社会の進歩発展は貧困を伴うものではなく、かえって市民の生活を豊かにするものなのである。

⚜

カーネギーは、『進歩と貧困』を読み、その粗雑な論理にあきれている。しかし、カーネギーは、これを無視するのではなく資料をあげて論破している。カーネギーが、『進歩と貧困』を無視せずに論破しようとしたのは、このような背景があったのである。

カーネギーがこのような議論を論破するために用いたのは、理論でも理屈でもなく実際の数字だった。事実をあげてあなたの結論は間違いだと指摘するのである。

ここでは、カーネギーは、アメリカ合衆国の農地面積の変遷と、貯蓄銀行の預金残高、世界各国の労働者の賃金の三つを反論の資料としてあげている。カーネギーの指摘したこの資料は、一〇〇年後の今日、最新の数字をもって検証しても、誤りではないことがわかるのである。ここでもカーネギーの時代を見る目の確かさを知ることができるのである。

企業が発展すれば、そこに働く労働者は必ず収入が増加し、安定する。アメリカの工場労働者の多くは相当額の貯蓄をし、自分の住む住宅を所有している。労働者の貯蓄は多くの銀行への預金となっており、貯蓄銀行への預け入れはその一部分にすぎない。

一八九〇年の統計によると、もっとも富豪が多いといわれるアメリカの東部と中部の貯蓄銀行の貯蓄総額は一億二万七九〇〇ドルであり、このうち同年中の増加は、六五〇〇万ドルになっている。貯蓄者の総数はおよそ三五二万人である。この三五二万人は、これらの地域に住む人口の合計一七三〇万人の五人に一人強ということになり、一家に一人は銀行取引があると考えても誤りではない。

貯蓄額は僅少といえども、ほとんどすべての家庭に、若干なりとも貯蓄の余裕を生み出しているという事実は、『進歩と貧困』が、いかに無責任な机上の空論であるかを示す強力な証拠である。

しかし、イギリスは国土は狭くても、富豪の総数は全ヨーロッパの合計よりも多い。しかし、アメリカ合衆国では、そのイギリスよりも、はるかに富豪と呼ばれる人たちは多いのである。

このような調査に当たって、特に注意しなければならないのは、富豪が生まれるような土地ほど、労働者の賃金が高く、一般社会の収入も多いということである。

たとえば、イギリスの下級労働者であるボイラーマンが得る一日の給料は、日本、インド、清国、ロシアなどの機械工、大工などの熟練労働者の一週間分の収入より多く、ドイツに比べても二倍はある。しかし、イギリスとアメリカを比較すれば、アメリカの労働者の給料はイギリスの二倍が普通なのである。

富豪とは、社会全般の繁栄があって初めて生まれてくるものである。そして、社会全般の繁栄は、自由な競争によって社会の富を、生産のためにもっとも有効に使用する方法を知っている富豪の尽力によって生まれるものである。

労働者に高い賃金を払えない事業家は、利益をあげることもできないし、富豪となることもない。富豪の競争によって賃金が上昇するような社会こそ、労資ともに利益をあげ、富を蓄積することのできる社会である。

資本と労働はお互いに敵ではなく、親密な同盟者でなければならない。労資のいずれかに利益が片寄るようなことでは、繁栄は絶対に長続きしないのである。

青年に富を譲ることは禍《わざわい》の元である

グラッドストーン氏は、私のもっとも尊敬するイギリスの政治家であるが、子孫に財産や地位を伝えることについて、氏と私は意見を異にする。氏は、財産のみではなく、事業も子孫に伝えることを可とされるが、これは私が絶対に否認するところである。これは、きわめて重要なことなので、私の意見をここにくわしく述べることにする。

社会には、子孫に伝えることを目的とし、あるいはぜいたくな暮らしをするために、富を蓄積する人たちがいる。しかし、このようなことは私のもっとも不可とするところである。

前章で私は、富の遺贈が子孫のためにはならず、ただ両親の虚栄心を助けるだけのことであると論じた。子孫に巨額の財産を残す人は、その行為が結果的に、子孫の才能や活力を奪って、たとえ彼らにその才能があるとしても、事業を興し、これを運営することをはばみ、人生を無用の人として生きることを奨励しているのと変わりはないのである。

もっとも、科学上の諸原則に、ほとんどの場合、例外が見出されるように、この原則にも若干の例外は存在する。

しかし私はなお、「**富は青年にとっては禍《わざわい》であり、貧は青年にとって幸いである**」との信念を変えようとは思わない。これは世の中を見ればわかるように一般的な原則なのである。

私の意見を、あるいは極端と感じられるのなら、一歩譲って次のように修正しよう。「青年に富を残すことはほとんどの場合、その青年にとって不利であり、貧窮の中に努力をさせることこそ、青年の利益となるのである」。

事業もまた公共の財産である

グラッドストーン氏は、次のように言う。「子孫に財産のみを伝えるのは、あるいは好ましいことではないかもしれない。しかし、財産とともに職業を伝え、加えて責任の重きを悟らせることは、害がなく、かえって利益になるのである。

今日、信用を基本とする商家、銀行、あるいは多くの知識を必要とする出版業などで、子孫に財産とともに職業を伝えることが行われていることは、むしろ喜ばしい現象である。製造業の場合も、これらの例に倣《なら》うことが望ましいのである」。

アメリカにおいても、子どもが父親の仕事を継ぐ例は多くある。しかし、町の一商店、小工場等の場合は別として、実業界において成功を手中にしようという場合は、経営者は必ず抜群の才能と行動力を備えていなければならない。そして、そのような人たちはきわめて少数なのである。

かつてイギリスにおいては、産業革命の激動期に一度基礎を定めることに成功した事業は、これを半永久的に伝えて、衰えることがないと信じられていた。しかし、今日では事情はまったく異なっているのである。有力な企業の経営者となるのは、一国の首相のポストを争うのと同じように、常に競争者と激しい戦いを続けなければならないのである。

父親が子どもにその職業を譲るに当たって、実業のわずかに表層のことのみを学ばせ、それをもって実業教育を終わったものとして、ただちに営業の全権を委《ゆだ》ね、なんらの才覚もないのに、巨額の収入を支配させることほど、無謀、かつ無益なことはない。

今日、特別な原因も認められないのに、破産の報を聞く原因のほとんどは、親から事業を譲られた無能な経営者が、不況時の事業の運営に失敗したものであることが、その事実を物語っているのである。

先年の恐慌のときに、ニューヨークの大富豪で破産した七人のうち五人は、親から譲られた事業の経営に失敗したものだった。その中の一人は、あやまって法を犯し刑罰を受けることにまでなったのである。

この報を聞いて、私は数人の友人とともに大統領を訪問して、彼のために刑の免除を嘆願した。私はそのときまで、どのような事情があっても犯罪者に加担したことはなかった。しかし、あえて私がこのようなことを行ったのは、実際に罪に問われるべきは、法を犯した者ではなく、無能の後継者に資産を譲って、子の才能に合わぬ、過大な責任を押しつけた父親であると信じたからである。

大事業を経営する者は、事業の後継者を定めるに当たっては、血縁や資産をいっさい考慮せずに、その才能のある者を見抜いて、もし、彼に資力がなければ株式の一部を与えて株主とし、支配人として抜擢《ばってき》し、自分は後見となり、その才能を育てて見守ることである。

才能ある後継者の育成は、実業家が社会に対して負う最大の義務である。ただ、自分の子どもであるというだけの理由で、事業を子どもに譲るようなことは実業家としての義務を欠くだけではなく、前述のように、最愛の子を罪人とするような悲劇さえ起こるのである。

ただ貴族の場合は、その責任はほぼ一定し、他人の利害に関与することはまれであるから望ましいことではないが、その財産と地位を子に譲っても重大な弊害が出ることはないと考えられる。しかし、このようなことを例にとって、実業もまた同じと考えることは大きな過ちであり、決して、してはならないことなのである。

事業もまた、富と同じく公共の財産であり、その職務を引き継げる才能のある者のみに、財産の運営を任せることは、事業家の義務なのである。

子どもからみた事業の相続

富豪の多くは、自分が行う事業が自分の子どもにも適しており、社会的にみても意義のあるものであり、子にとっては愉快な生き方と信じているようである。しかし、このように考える人たちは、自分たちの子どもが何を欲しているのかを知らないのである。

不幸にして富豪の子として生まれた場合、最初から生活のために働くという経験がない。本人は金銭への執着が薄いために、父親が一ドル、一ポンドの利益をあげるために、営々と努力をしていることの意味を理解できず、何を苦しんで、無用の努力を続けているのか、というように見るものである。

富豪の子どもが行う事業は、そのほとんどが趣味、道楽の範囲にとどまるものである。このような場合、いかに多くの富を父親から引き継いだとしても、激しい競争に打ち勝つ、というようなことはできないと断言しても間違いではない。

ときには真実、子どもが父親の事業を好み、またその子の天性の資質が、事業家として大成できるだけのものを持つ場合があるかもしれない。しかし、このようなことは例外中の例外である。真実このような場合は、子どもの才能を、父親とは違う分野で発展させられるようにしてやることが本当の親心というものである。

質素な生活について

グラッドストーン氏は、個人の生活に関して、「ぜいたくな生活といえども、その人の境遇によっては、あながち咎《とが》められるべきではない。時にはやむを得ず、そのような生活を必要とする場合もある。ただし、そのような境遇にあっても、なお、質素な生活ができないわけではない。そのような模範とすべき生活をする人もいる」と述べている。

グラッドストーン氏はもちろん、ぜいたくな生活を勧めているわけではない。しかし、「境遇上やむを得ないぜいたくな生活」という考えに、私は賛成できないのである。果たして質素な生活をするために、品位や尊厳は増減するものだろうか。私はこの問題に対して、アメリカのクリーブランド大統領が議会に与えた教書を借りて、答えとしよう。

「質素倹約はもっとも共和政治の運用に適し、アメリカ人民の天職に一致するものである。したがって、質素な生活をすることはこれを恥とすべきではない。公職を果たすために選挙された者の身分も人民であり、質素な生活によって品位を損なうことはあり得ない。公

職にある者は、自ら進んでその模範を示して、節約を重んじるようにし、確実な繁栄に導かなければならない」

クリーブランド大統領の言うところは、歴代の大統領およびその他の官吏の主義、実践を強調したのみであり、彼自身の考えではない。しかし、そのことは、アメリカとクリーブランド大統領にとっては、むしろ誇りとすべきことである。

合衆国の大統領、裁判官、僧正は、いずれも薄給であり、裁判官のみ、七〇歳まで半額の年金を支給されるだけである。したがって公職につく者は、生活を質素にせざるを得ないのである。このようなアメリカの習慣が、直接、間接にどれだけ国民の利益になっているかは、語るまでもないことである。

イギリス国王の生活に思う

将来、イギリス国王が深く貧富の問題に心を傾け、アメリカ合衆国の大統領のように、生計費を一年に一万ポンドに限り、その他の奢侈《しゃし》に費やされる数百万ポンドを国民に返却し、あるいは公共のために使用するとすれば、果たして君主としての品位を減じるだろうか？　あるいはこれを増すことになるだろうか？

今日、イギリス国王の権限は大きく制限され、それにしたがって、国王の存在が国民を益する範囲もきわめて僅《わず》かである。今、国王自らが質素な生活によって、余剰の国費を社会のために運用するという模範を示せば、イギリス国民に益するところは運用された金額の数十倍、数百倍となることは疑いがない。

なぜなら、イギリス国民で、いささかでも余剰の財の有る者は、国王に見習って、社会にとって有益な財の運用を志すことは確実だからである。

あるいは、イギリス国王にその志があっても、国王の立場としてこれを発議することが可能か、疑いを持つ国民もあるかも知れない。立憲制度のもとでは、「国王」という言葉は国王一個人を指すのではなく、「国民の意思」を指すものであり、国王の発議を許すことは、国王の権力を過大にすることにつながるという論議も起こり得るのである。

事実、現在のイギリス国王が国政に持つ立法、行政上の権力のほとんどは、内閣と議会の承認を必要とし、実際的な権力はほとんど無に等しい。しかし、イギリス国王が王室の経費を切り詰めて、そのあまりを国庫に返上するという行動に出れば、国王の地位は虚位にとどまらず、国民の信頼を集めた国家の一大勢力になることは疑いがないのである。

かつてイギリスの首相をつとめたピット氏は、質素な生活を営み、今日、彼の遺徳を追慕する人は多い。グラッドストーン氏も、多年にわたる国政への尽力によって、国家より贈られた金品、地位のことごとくを受けず、およそぜいたくとは無縁の生活のうちに天に召された。氏の富に対する考え方は、その立場のために、しばしば私と意見が異なったが、自身の生活や業績は、質朴、勤倹、無私に徹し、私が第一の模範とするところである。このように、実際が理想を超える生き方をする人は、きわめてまれであり、同じスコットランドの人として、私もまた大きな誇りを感じるものである。

⚜

カーネギーは南北戦争の際に、上司のスコット大佐の副官としてワシントンにあって、リンカーン大統領と何度も言葉を交わし、大統領の人となりを知る機会に恵まれている。カーネギーはその生涯を通じて一度も政商と呼ばれたことはないし、政治に野心を燃やしたこともないが、何人かのアメリカの大統領とは親交があった。そのために、アメリカの政界の裏面にもよく通じていた。

カーネギーは、「政治の世界で黄金の勢力がないことは、アメリカがもっとも世界に誇るべき美風である」と書いているが、これは額面どおりに受け取っても間違いがないのである。

また、カーネギーは、自分の生まれた国であるイギリスの政治家とも親交を結んでいた。この章に何度も登場するグラッドストーンは、カーネギーが自分と同じスコットランド人だということもあって特に敬愛していた。

カーネギーより二六歳も年長のグラッドストーンは、日本とも関係が深く、幕末の日本が諸外国との間に結んだ不平等条約の改正を、欧米諸国の中でいちばん最初に実行して、後の日英同盟の基礎を作った人である。

この硬骨の政治家は、理想主義者、平和主義者であり、質朴、勤倹、無私に徹した人だった。しかし、その晩年は全世界に散在するイギリス植民地の反乱に悩まされ続けた。カーネギーのアメリカの植民地政策への批判は、このグラッドストーンとの親交から生まれたのではないかと思われる。

慈善の真相

私は今日慈善のために投じられている一〇〇〇ドルのうち九九〇ドルは、海中に投じるほうが社会のためになると述べた。読者諸氏の中には、それは与える者の思い上がりであり、私の言い過ぎではないかと考えられる人もいるだろう。

しかし、最近のニューヨーク慈善協会の報告を読まれれば、私の発言が不幸にして、根拠のあるものだということを理解されるはずである。

ニューヨーク慈善協会には二三の慈善団体が属しており、その多くは巨額の寄付金を受けることに成功している。ここに、各団体が初めて連合して補助金を受ける者の氏名を比較対照したところ、七つも八つもの慈善団体から補助金を重複して受け取っているものを数多く発見した。

このように狡智《こうち》に富んだ怠惰な貧民の存在が、まじめに額に汗を流して働く多数の労働者に、どのような悪影響を与える存在かは、あえて説明するまでもないことである。いかなる理由をもってしても、このような怠惰な貧民に金銭を与えることは、富豪の義務とはしないのである。

近年、慈善事業の真相について、コネチカット州の諸市が共同で調査を行ったことがある。これについて、同州の州都ハートフォードの一新聞は次のように報じている。

「相当なる資産を持ちながら正業につかず、公共団体から補助を受けるのを業としている市民が多数いることは、すでにハートフォードにおいて経験したことである。最近ノールウィッチにおいても、市の補助を受ける多数の市民の実情を調査したところ、五〇〇ドル以上、三〇〇〇ドルを銀行に預金していることが発覚したものが四〇人もあった。このうちの一人の老婆の場合は、多年にわたって公共の補助を受けながら、二〇〇〇ドルを銀行に預金していた。このような実情は州内の各都市とも同様なものと考えられる」

新聞の報じるところは、喜ばしいことではないが甚だしく嘆くことでもない。確かに多額の貯蓄を持つ者は公共の補助を受ける必要のない者であるが、彼らの多くは、役所や慈善団体から得たものを貯蓄にあてたのであるから、社会に大損害を与えたわけではない。

しかし、その余りの補助金の受給者は働くことを好まず、二重、三重の補助金を受け取って、得た金品を、ただちに飲食や賭博に消費しているのである。そのために、生活はますます困窮し、さらに他の慈善団体の門を叩き、補助金の詐取を試みるのである。しかもそのような者は、補助金を貯蓄するものに比べて、はるかに多いのである。

このように金品を恵む場合は、受け取る者の境遇、性行、不幸の原因等をよく確かめ、補助を与える場合は、彼らがまず、己を助けるための努力をいとわないことを確認しなければならない。

これを知らずに、ただ請われるままに寄付を続け、その原因を確かめずに、ただ目前の悲惨な生活に心を動かし、情の動くままに補助を行えば、社会の不幸は増加することがあっても、減少することはないのである。

真の慈善とは、自らを助けるために努力している者に対して、その努力に応じた援助を行うことである。この原則を持たない慈善は、人々を不幸に導くだけの偽りの慈善なのである。

カーネギーが指摘するように、慈善事業は一度始まると、その拡大に歯止めが効かず、結局はシステムがパンクするか、インフレで事実上無価値になるまで、だらだら続くものである。

カーネギーは『富の福音』の中で、一八八〇年にアメリカで公的な援助を受けている人は、一〇〇〇人あたり五人と報告しているが、それから約九〇年たった一九六八年には、約二億人の人口で一〇〇〇万人が、老齢、廃疾などによる公的な援助を受けていて、人口に対する割合は当時の一〇倍になっている。恐るべきスピードでの拡大である。

さらにこれを年金制度や各種の社会保険制度にまで拡大すると、アメリカでは総人口の五〇パーセントが、なんらかの社会保障の受給者となっている。クライスラー社会長のアイアコッカが、自分の母親にまで毎年、社会保障の小切手が送られてくることを、自分の著書の中で社会保障の行き過ぎだと警告しているが、まさにこのような政策は『富の福音』の名に値するものではないのである。

軽はずみな富豪の寄付

アメリカ合衆国には救貧法という法律がある。また各州、各市においても、独自の法律、条例等を設けて、収入のみちを持たない人たちに衣食住を給し、また教育を施すことを行っている。

これらを、法律等がその目的を実現させるために運営されることは理想であるが、現状が理想に遠いことはここに言及したとおりである。それは予算に乏しいためでもなく、寄付金として集まる額が少ないためでもない。運営に留意しなければ、いくら予算を増やし、寄付金の倍増を求めても、得られる結果は事態の悪化だけである。

私は、現状を改めるためには、怠惰で遊びを好み理由を設けて働こうとしない者は、これを国家の保護のもとに特別の工場に移して、健全で勤勉な向上心を持つ貧民と区別すべきだと考えるのである。

富豪の寄付や公共の援助に頼って、働くことをせずに遊興や飲食にふける人間は、隣人を悪化させる根源である。激しい一日の労働によって生活の糧を得ている者に対して、汗を流さず、安楽に生きる方法のあることを教えれば、その生き方に興味を示さない者はいないのである。

貧民の中にも勤勉に働き、わずかな収入でもその一部を貯蓄して、不時の用に備える人たちは多い。このような人たちが悪習に染まることのないように、悪質な貧民を隔離するのは、腐ったぶどうを枝から取り去り、あるいは腐ったりんごを樽から出すことと同じである。それは、取り去ることが目的ではなく、残った果物を腐敗から守るためである。

ただし、メスによって、社会に発生したガンを切り取ろうとする人は、熟練した手腕と冷静な判断に加えて、感情を抑制できる人でなければならない。メスを執る医師が常に患者から感謝されるとは限らないように、ときにはそれによって、もっとも益を受ける人からさえも、激しい反発や悪罵を浴びることを覚悟しなければ、このような社会が改善されることはないのである。


慈善団体が寄付を懇請してきたとき、富豪の多くはほとんどその結果を考えることなく、寄付に応じている。しかし、まず寄付を承諾する前に、そのような行為が果たして社会の役に立っているのかということをよく考えなければならない。これについてユダヤの神父アルダー師は、次のように語っている。

「施しを与えることはやさしい。そのための特別な教育を受けず、格別な思慮を持たなくても、ただ与えるだけのことなら、誰でもそれを行うことができるのである。しかし、慈善の本当の目的、そしてもっとも効果的な方法を知るためには、年月をかけて修行をしなければならない。そして、その修行は、自分の苦い体験の積み重ね以外にないのである」

たいへん悲しいことであるが、私は慈善の真相を知れば知るほど、富豪の軽はずみな寄付が、社会に大きな害毒を与えていることが、いかに大きいかを警告せざるを得ないのである。

富の蓄積は神聖な義務である

富を蓄積することの可否については、グラッドストーン氏と私は、その見解が同じである。氏は、「富を蓄積することは非難されることではない。蓄財は、人生にとって欠くことのできない基本である」という。**私のいう「富の福音」も、富の蓄積を拒否するものではない。ただ、余剰の富を社会のために運用することを勧めているのである。**

しかし一部の人は、聖書の片言隻句を引用して私を攻撃する。たとえば聖書には、「己れのために宝を集めるなかれ」という言葉がある。これを富の蓄積を禁じたものとすれば、聖書の言葉はすべて反語であると言わなければならない。

もし、その全体を考えずに、わずかに一、二行を採《と》って、それを文字どおりに解釈するのなら、今日の文明を容易に破壊することができるのである。キリストの言葉を、ただ文字どおりに解釈するのなら、聖書の中のわずかに二語をもって、人と獣の境目さえ失わすことができるのである。すなわち「明日を思うな」がそれである。もし聖書の片言隻句を引用することを許されるなら、キリストは、蓄財を大いに奨励しているとも言えるのである。キリストは大いに蓄財に励んだ人に向かって次のように褒めたたえているのである。

「忠実な神の召使いたちよ。お前たちの行いはまことに褒めたたえる値打ちがある。お前たちは、これまで些細《ささい》な支出にもよく気を配って、倹約に心がけたので、今日の富を手にすることができたのである。そこで、今日から私はお前たちを多くの事物の支配者としよう。そして、神の喜びをお前たちに授けよう」

まずあやしむところなく、富豪のしているところを見てみよう。富豪はその富を事業に投じて、活発にそれを運用することによって、人々に職業を与え、社会の富を増やすことに努力しているのである。富豪の富は、あるときは船になり、あるときは鉱山になり、あるときは工場となって、富を生み出して、人類の役に立っているのである。

実業の世界においては、その発達改良を中止することは衰退のきっかけとなる。やがて経営は縮小され、そこに働く人たちは職場を失うことになる。

世界は常に新しいもの、より良いものを求めて活動を止めることがない。実業に携わるものは、需要の動向を見定めて常に新しい技術を導入し、必要な商品やサービスを供給していく必要がある。

もし、社会のこの要請に応じることがないのなら、企業はそのときから滅亡のコースをたどり始めるのである。私が、富豪が富を蓄積することを奨励するのは、このような理由があるからなのである。

富を蓄積し、これを増やしていくことは富豪の義務である。蓄財は利己的な行動ではなく、社会の発展にもっとも役立つ高尚な仕事なのである。富豪は自分のために働いているのではなく、社会の発展のために働いているのである。富を蓄積するのは蓄積のためではなく、富をもっとも緊要な部門に投資するために行っているのである。

富豪が多くの富を蓄積して、それをすべて実業のために投資していけば、社会は富豪の蓄財から多くのものを得ることができるのである。富豪が日々、己の実業のために働くのは、日々、徳を施し、徳を積んでいることなのである。

富の福音はこのような資本までを、富豪の手から奪おうというのではない。資本は善をなす源であるから、軽々にそれが枯渇するようなことがあってはならない。

富豪の死に当たっても、投下した資本が雲散霧消するようなことがあってはならない。ただし、資本以外に残してはならない。

カーネギーは六七歳になった一九〇一年に実業界を引退、自分が創業してアメリカの鉄鋼生産高の五〇パーセントを占めるまでになったカーネギースチールを、約五億ポンド（当時の交換レートで約二〇億ドル）でモルガン財閥に売り渡している。

しかしこのとき、カーネギーがモルガンから受け取ったのは現金ではなく大半が年五分利付きの社債だった。モルガンにそれだけの現金を調達する力がなかったというわけではないが、仮に現金で支払いを求めたら、モルガンは買収したカーネギースチールをいくつかに分割して、一部を切り売りする必要があっただろう。

カーネギーの社会事業への寄付は、この社債をそっくり基金として寄付し、社債の生み出す金利を、それぞれの社会事業の恒常的な支出に当てるように配慮したものだった。「企業の倒産を顧みず、すべてを現金にかえて、社会事業に寄付する」ような無謀なことはいっさいせず、寄付を贈られる側にも自立を促すように配慮したのである。

個人事業の強み

富豪の存在を不要とする人たちがあげる理由の一つに株式会社の発達がある。現在では会社組織が発達し、大規模な事業は富豪に頼らず、この方法で資金を集めることが可能である。

しかし、真にこの社会に富豪は不必要な存在なのだろうか？　会社組織が世界でもっとも早く発達したのはイギリスであるが、この国で実業をもって世界に覇を唱えたのは、株式会社の功績ではなく、個人富豪の勇敢な決断によるものだったのである。

私の今までの経験によれば、株式会社による経営は、個人企業の即断即決の経営に及ばないことは、きわめて明瞭である。

株式会社の中にもまれに成功する場合もあるが、この場合は実際に会社を支配しているのは一人か、あるいは一人が主導権を握って、実際の株主はせいぜい数人にとどまるのが普通である。

株式会社組織の最大の弱点は、発明や冒険ができないということである。株式会社組織にとってもっとも重要なことは、毎期、定まった利益配当を株主に支払うことであり、会社を発展させることではない。もし実業界より富豪を排斥すれば、事に当たって危険を引き受ける者がいないため、将来の発展、改良に対して、大きな打撃を受けることになるだろう。

あるいは、合資会社、合名会社、有限会社等、いずれの形態であっても出資者が二、三人の場合は、どのような業種であっても、投下資本に対する利子程度の利益を回収できないということはない。しかし、多数の人たちから各自少額の資金を集めて行う株式会社の場合は、おおむね失敗はまぬかれないのである。

ときには、需要供給がおおむね安定して、相場の変動の影響の少ない事業である鉄道業等は、株式会社としての営業に適しているのではないか、という議論もある。しかし、詳細に見れば、鉄道業と言えども、個人企業のほうが適しているのである。

たとえば、世界最大のマイル数を持つアメリカの鉄道業の経験を見れば、少数敏腕の人に経営の全権を委ねて、その経営をあたかも個人企業のように措置できるようにすれば、以前には配当をすることができなかった会社も配当することが可能になるのである。

これをイギリスの鉄道業に見てみよう。この国では鉄道は独占事業である。また乗客や荷主から徴収する運賃は、アメリカの二、三倍である。また支払うべき鉄道従業員の賃金は、おおむねアメリカの二分の一である。

それにもかかわらず、株主への配当は、きわめて少額である。もし、二、三の有能な経営者に、これを任して全権を与えれば、必ず、その利益は驚くような額に上昇することは、疑いがないのである。

個人事業の場合は、少数の責任を負う者が、果断機敏に随意に処理できるのに対して、株式会社の場合は、経営の実権は、俸給のために働く社員の手に握られている。しかし、その手は自由に動かせる手ではなく、経営の実態をほとんど知らない取締役会や、株主総会の決議に縛られるのである。

そのために、事に臨んで適切な処置をとることは、ほとんど不可能である。イギリスの実業が将来、会社組織を是とするのなら、世界におけるイギリスの商工業の覇権はやがてアメリカに移るようになるだろう。

第三章　トラストに関する幻想

軽薄な社会救済の名医たち

太古の昔から地球の回転する速度はほとんど不変である。最近になって突然回転の速度を速めた、というような話は聞いたこともない。

しかし、最近の新思想の出没を見ると、朝、忽然《こつぜん》と現れて、夕方に、突然姿を消すこともまれではない。その消長の速やかなことは、地球がにわかに回転の速度を速めたのではないかと怪しむほどである。

あまりにもさまざまな主義、主張が現れては消え、消えては現れると、何をもって真実とするのかと、多くの人がとまどうことになる。

しかし、すべての事物に進化のあることを知る者は深くこれを怪しまない。結局は人間社会のために真に役立つもののみが残存し、その他はうたかたのように消えていくものと信じて、格別に不思議としない。

このようにあわただしく世の中が動くようになったのは、ごく最近のことなのである。歴史を見れば、わずか一〇〇年あまり前までは、人々は新しい事物に接するとまずこれを疑い、躊躇して、進んで迎えるということはなかった。今でも守旧を旨とする国においては、人々は昨日とまったく変わらない暮らしを、もっとも安全なものとして、世界の進展に背を向けているのである。

しかし、ヨーロッパやアメリカでは、これとはまったく反対で、新事物、新思想といえば、その真価を買いかぶって争うようにこれに飛びつき、古い物をただ古いという理由だけで安易に捨てて顧みない。

人々は競って時勢の流れを先取りしようと新奇を好み、軽薄な世論を伝える新聞は毎日のように、社会いっさいの弊害をたちどころに矯正するかのように伝え、また社会の病弊を救済する名医が出現したと報じるのみで、その結果がどのようになったかを知らず、顧みようともしない。しかしながら、およそ現今、数百はあると思われる自称、社会救済の名医には、それぞれの患者があり治療を乞うものも多い。

思うに、人は迷いを持ち、捨てられぬ夢もあり、軽薄な名医の言葉に、一縷《いちる》の望みを託そうとするのは、あるいはやむを得ないことかもしれない。

アメリカの工業界が彼らのために株式会社熱に襲われたのは、まだ最近のことである。労働者の中で勤倹有為の人が、自分の貯えを資本として事業に携わるようになったことは喜ばしいことであるが、規模の大小も業種も関係なく、どのような事業も株式会社組織とすれば成功するような幻想を煽《あお》ることは喜ばしいこととはいえない。たとえば、事業経営の知識も手腕も関係なく、いったん株主となれば、株主総会に席を占め、株主としての権利を主張するが、もし、人が葬具会社の株主になり、火葬会社の株主となれば、これらの会社の株主は株主優待として、株主の死水《しにみず》までとることを会社に要求して当然とする。まことに株式会社は経済の万能膏薬のようなものである。

これからは株式会社の時代であるとして、政府もまた、株式会社設立のための法律を設けて、一般社会から無数の少額投資を集める道を開いた。しかしながら、今日、社会救済を約束する名医の宣伝にもかかわらず、株式会社での成功に見るべきものはあまりない。

資本の合同と物価

株式会社が一定の発達を遂げると、競争力をつけ、あるいは競争を回避するために、同業各社が集まり、最初は共同販売のシンジケートを結成するようになった。しかし、これはまもなく跡を絶ち、企業合同のトラストがこれに代わるようになった。

これらの流れは、要するに資本を合同し、多くの少額預貯金を集めて事業の規模を拡大しようとするものである。このことは、社会の発展にともなう自然的な流れであって偶然的な社会現象ではない。資本の合同による大規模な事業は現代社会の必要性に基づくものであって、これを軽視してはならない。

資本の合同による大規模な事業には、そこで生産される商品のコストが下がり、安い商品が国民に提供されるようになるという法則が内在するのである。

今日、一労働者の家庭においても、数十年前は王宮中にも見られなかったぜいたく品が用いられているのは、この法則によって販売価格が著しく安価になったためである。

昔のぜいたく品は、今日では労働者の家庭においてさえ必需品である。もし、読者が古い歴史を持つ国を訪れて、二〜三〇〇年も前の宮殿を見れば、すぐにこのことに気がつくだろう。

たとえば宮殿の敷物はカーペットではなく、葦《あし》などの水草を粗く編んだ粗末な織物である。窓にはガラスはなく、壁に小穴を開けただけで、寒暖には関係なく、風雨が吹き込むものである。またガスも電気も石油ランプもなかった。その他、今日、生活に必要で便利なものと思われるようなものは、わずか二〇〇年前には何ひとつなかったのである。また、人生にとってもっとも重要な宝物ともいえる書籍は、最近までは王宮にさえ見ることができなかったのであるが、今や、数千、数万の書籍を持つ図書館を訪れて、労働者がいつでも勉学や教養、あるいは趣味娯楽のために、無料で書籍の貸し出しを受けて、自宅で読むことができるのである。

私たちの暮らしの歴史を見れば、必需品、ぜいたく品あるいは美術品のいずれであっても、価格が安くなれば普及し、私たちの暮らしを幸福なものに変えていったことがよくわかるのである。それが鉱物であれ、食物であれ、あるいは手工業の製品であれ、あるいは書籍や印刷物であれ、価格が安くなることは決して不思議なことではない。生産者が安く売ることができるのは、生産規模が大きくなれば、それに反比例して生産原価が低下するからである。

たとえば一日に鋼鉄一〇トンを造る場合は、その一トン当たりの価格は、一日に一〇〇トンを造る場合の数倍になるのである。また、一〇〇トンを造る場合の一トン当たりの価格は、一日に一〇〇〇トンを造る場合の二倍にはなるだろう。そして、一日に一〇〇〇トンを造る場合の原価は、一日に一万トンを造る場合よりも必ず高価になるのである。営業規模が大きいほど安価になるのは製造品ばかりではない。私が汽船業者に聞いたところでは、二万トンの船による荷物一トン当たりの運賃は、小蒸気船による荷物一ポンド当たりの運賃よりも安価なのである。

このように見てみれば、人の幸福を増し、快楽を助け、生活を改善し、進歩させる力のすべては、生産規模の拡大とそれに伴う製品価格の低下に負っているのである。企業合同が、生産力を増強し、生産原価を下げ、その利益を社会に還元する目的で行われるときは、それは正当な理由というべきであり、その実態を確かめずに、そこに資本合同が行われているというだけの理由で攻撃すべきではないのである。

カーネギーは、二七歳でキーストン鉄橋会社を創立してから、最後にカーネギースチールをモルガンに売却するまで、会社の成長、発展のほとんどを買収と内部留保に頼ってきた。合併とか増資という普通の会社がとるコースをとらなかったのは、カーネギーの傘下にあるほとんどの会社が、合名会社かその持株会社であり、合併や公募による増資ができなかったためでもあるが、同時に株式会社では機敏な行動をとれないということをカーネギーが嫌ったためでもある。

カーネギーによって買収の対象になった企業は、すぐれた技術を持ちながら経営がまずいために行き詰まっているような会社ばかりだった。こうした会社を買収して経営の立て直しをすると、次は傘下の長短を補う形にある会社と合併させた。これを繰り返して、規模をしだいに拡大したのである。

鉄鋼業界は激しい競争を繰り返していて、交互に好況と不況がやってきた。そこで不況期を狙ってターゲットを絞りこめば、カーネギーの買収の対象になる企業を探すのには事欠かなかったのである。

一八九〇年代の不況期にはピッツバーグから一〇〇〇キロも離れた五大湖の西に

あるスペリオル湖地方の鉱床を買収して、その採掘や、それをピッツバーグに運ぶための鉱石運搬船、鉄道、港湾施設などを建設して、製鉄のコストを劇的に低下させている。本文の中で触れているように、このときカーネギーの作った二万トンクラスの鉱石運搬船は、驚くようなコストダウンの効果を発揮したのである。しかし、このような投資は、オーナーが事実上カーネギー一人であったから可能になったことなのである。

もしカーネギースチールが株式会社であれば、このような大規模な投資は株主の反対にあって、実現していなかっただろうと思われる。株式会社を非効率なものとし、企業の規模を大きくすることは合理化につながるというカーネギーの信念は、このような体験から出たものである。

量産品を安価に販売せよ

最近のように、すぐれた発明が次々に行われるようになると、企業の合同、生産規模の拡大をさらに促進させることになる。すぐれた発明はその実用化に当たっては、巨大な設備を必要とするものが多く、それはまた、大規模経営を容易にし、有利にするものである。

また、**どのような発明であれ、それによって以前には一〇人に供給したものを、きわめ**

て安価に一〇〇〇人に供給できるようにならなければ、その発明は本当の価値があるとは言えないのである。

現在、多くの製造工業が、生活を快適にし、あるいは、知識を広めるのに役に立つ商品を、できるだけ多く、できるだけ安く供給できるように活動しているために、いずれの事業も日を追うごとに巨大になりつつある。そのもっとも著しい例の一つが鉄道の貨車輸送である。

私が今から三〇年あまり前に、ペンシルヴァニア鉄道会社に入社したころは、一本の列車は八両の貨車で、せいぜい七～八トンの貨物を運ぶだけであったが、現在では五〇トン程度を楽に運ぶことができるし機関車の力は当時の四倍となっている。蒸気船は同じ期間に平均して一〇倍の大きさになって、その蒸気機関の力は七倍となっている。

さらに一例をあげてみると、最近まで使用されていた手刷《てずり》印刷機と、現在、新聞印刷に使用する精巧で超高速の輪転印刷機とでは、その印刷能力の差は数百倍とみてもまだ過小なくらいである。これらはほんの一例であり、工業生産の分野で、能力や能率が増加しなかったものを見つけることはできないのである。

事業が巨大になれば必要とする資本も急増する。最近のアメリカ産業界では、いたるところに資本の合同と規模の拡大が見られるのはこのためであり、単に事業の独占を狙ったものではない。これは産業界の自然のなりゆきであり、これをはばもうとすることは、大河の急流に一人立って、その流れを押しとどめようとするような愚行に等しい。しかもこの流れは人々の生活の向上を阻害するのではなく、かえってこれを助けているのである。

このように考えれば、資本の合同を阻止するというような愚を繰り返さず、むしろ喜んでこれを迎え、社会の多数を占める貧者のために利益になる出来事として祝うべきである。

近年、社会の大医を自ら任じるが、実際には近眼、盲目に等しい人たちが、企業合同は資本家の利益になるのみだと説いている。しかし、どのような面から見ても、企業合同そのものが資本家の利益になるという理由はみいだせないのである。

企業合同によって生産力を増強し、製品の売価を引き下げ、社会の人たちに歓迎されて、売上げ、利益ともに上昇した場合のみ、結果として、企業の合同が資本家の利益になるのである。しかし資本家が利益を実現する以前に、その幾十倍の利益を社会に与えたあとでなければ、資本家の利益は実現しないことを、これら近眼、盲目の諸氏は故意に見落としているのである。

事業は植物を育てるように自然に大きくなるものではない。また、事業規模が大きくなるほど、今まで当面したこともない難問が現れてくるものである。もし、事業を大きくせずに済むものなら、規模の拡大や事業合同を好む資本家は一人もいないだろう。それは競争に敗れないためのやむを得ない措置なのである。そして、事業の規模を大きくして、これを特別な問題もなく運営することに成功しているということは、資本家がそれによって一段の進歩を成し遂げたということである。資本家のそのような努力によって、より高い文明が築かれ、社会のすべての階層の人たちを、より幸福にすることができるのである。

今までは富者のみが楽しみ、利用することができた商品や便益も、生産力の増強と価格の低下によって、すべての労働者がこれを使用することができるようになり、汚れた貧しい労働者の家から、汚れや貧しさを取り除くことができるようになるのである。これによって、労働者の家庭に生み出される幸福は、富豪の邸宅で生み出される幸福よりも、はるかに大きいのである。

大量生産した商品を安価に販売することが、労働者や農民の家庭を豊かにし、優良な品質の家財をより多く所有させて、貧富の差を縮めるものであるということは、疑いを差し挟む余地のないことである。

無責任な政治家、社会主義者たち、あるいは自称・社会の大医たちが、弁舌をもって、一時的に多くの人たちをあざむくことができるとしても、この明瞭、的確な真理について争うような愚者は、いずれ時間がたてば一人残らず姿を消してしまうということは、太陽が西に沈むということと同じように明らかなことである。

デパートの出店反対に思う

資本の合同が、結局は社会の利益になることは、これまでに述べたとおりである。しかし、資本の合同の方法、種類はさまざまな形をとるために、中にははなはだしく非難を受けるものがある。たとえば、一商店が発展して、店舗を巨大化して、その内部でさまざまな商品を販売するデパートを建設することは、ただちに「世論」の攻撃するところとなる。

従来は一個の商店において一種の商品のみに限って販売し、お互いに商権を侵さぬように配慮してきたものが、一度デパートが出現して、さまざまな商品を取り扱えば、顧客の便益は、一カ所ですべての買物ができるというだけでなく、きわめて安価に商品を手に入れることができるのである。

これによって商権を失い、または圧迫されるものが「世論」を言い立てるが、社会に便益を受ける者のほうが多数で、デパートが繁盛するということは、より確かな「世論の支持」がデパートにある、ということなのである。

デパートで売られる商品が安価なのは、粗悪品を売るためではなく大規模経営の利点を生かしたということにすぎない。つまり、大量仕入、大量販売をすることによって、仕入値、利幅ともに圧縮できるために、顧客に商品を安価に提供できるのである。デパートの建設によって利益を得るのは、その地域に住む市民なのである。

新しく考案されたものを実用化することによって、旧来の社会が混乱することは避けられないことである。旧式のために、社会に与える利益の少ないものは、おのずから駆逐されて消滅するのが自然の理である。反対の声が旧社会に続発したとしても、そのために社会の発展が逆転することはないのである。

デパートの営業に反対する意見のなかには、次のようなものがある。すなわち、従来の小規模経営では、一〇〇人が独立して各企業主の地位を得られたのに、デパートではそのような地位を得るものは、わずかに五人である。これは多数者のためにとるべき方法ではない、云々。

果たしてこの言説は正当なものであろうか？　私の見るところでは、このような言説は失当もはなはだしいと言わなければならない。たとえば、大規模の事業といえども、有能な支配人がいて、多数の社員が熱心に尽力しなければ、とうてい、所期の成功を収めることは不可能である。また、それぞれの部門の業務を支配する者が、小規模商店を経営する知識の何十倍もの知識を持ち、発明研究に熱心で、実行力にすぐれ、その才能を十分に発揮することによって、はじめて商売が繁盛するのである。

小商店の主人は変じて、大事業中の一部の支配人となり、従前の小規模経営に比べて、より大きな利益をあげることもできるのである。もし、小商店の主人で非凡の才能を持つ場合は、それを小商店の経営に使うか、大商店に入って腕をふるうほうが良いのか、その得失はその場で判断できることではない。もし、小商店の経営者であっても彼に本当に才能があれば、大商店に入った場合は、いずれ株主、役員として遇せられ、時至れば社長となることもある。

およそどのように社会に有益な事業であっても、いささかの欠点もないというような事業は存在しない。新しい事業ほど、その内に新しい欠点を持つものである。最初から完璧はあり得ないと考え、事業の運営をしながら、その欠点を修正し排除するのが、経営者の任務と考えることである。世にいささかの不純物も混和しない金塊はない。太陽さえも、その表面に巨大な黒点を持つ。

しかし、その黒点は太陽の発する光によってはじめて見ることのできるものである。事業が優れていればいるほど、わずかな欠点も誇大に見られがちであるが、欠点を言い立て、事業そのものを不要だというようなことは、黒点を憎んで、太陽の光をさえぎるようなものなのである。

アメリカにおけるデパートの歴史は、一八五〇年代にニューヨークとボストンで始まっている。一八五八年には日本でもよく知られているメーシーがニューヨークで創業、続いてワナメーカーが一八六一年にフィラデルフィアで創業している。

ワナメーカーの創業者、ジョン・ワナメーカーは、カーネギーとほとんど同時代を生きた人で、カーネギーの出生の三年後にフィラデルフィアに生まれ、カーネギーの死に三年遅れて、一九二二年にその生涯を閉じている。職業についたのも一四歳のときで、書店の店員がスタートだった。

一八六一年、二三歳で独立して洋品雑貨店を開業、六五年には、当時の商業としては革新的だった定価販売を実施、七七年にはデパート経営に進出している。デパートでも定価販売を実施するほか、店内に郵便局や電信電話局を設けて顧客の便を図り、地階を常設の安売場として顧客を集めた。これらは今のデパートならどこでもやっていることだが、当時としてはきわめて革新的な商法だった。

当時ニューヨークに住み、たびたびフィラデルフィアを訪れていたカーネギーは、当然ワナメーカーの店にも立ち寄ったことがあると思われる。現存する資料では、カーネギーがワナメーカーと親しかったかどうかということはわからないが、『富の福音』が発表された一八八九年に、ワナメーカーはハリソン大統領の求めに応じて郵政長官に就任、九三年までアメリカの郵便事業の改革に力を尽くしている。このとき、公共の福祉に関心の深かったカーネギーが、なんらかの機会に境遇も年齢も似たワナメーカーと知り合って、お互いに友人となったことは、十分考えられることである。

また、カーネギーは、自分が直接ではないが、ピッツバーグの工場内で、労働組合に敷地を提供し、組合の責任で運営する大規模な流通施設を持っていた。この運営で組合からたびたび相談を持ちかけられていたため、カーネギーは流通事業にも興味を持ち、場合によればワナメーカーの意見を聞くことがあったかもしれない。

九三年に郵政長官を辞任したワナメーカーは、九六年にニューヨークに進出し、メーシーとの間で派手な安売り合戦を継続して、ニューヨーク市民を喜ばせている。当時のニューヨークやフィラデルフィアの小売商人たちに目の敵にされたワナメーカーも、カーネギーと同じように、自分の才能と努力でゼロから自分の地位を築きあげてきた人であった。

また間接的ではあったが、カーネギースチールの中の大規模な流通施設の運営を通じて、流通業の難しさを知っていたカーネギーは、才能もなく、努力もせずに既得権益だけにしがみついて「世論」を振り回す人たちや、それを支持するマスコミは、がまんのならない存在だったに違いない。

トラストとは何か

トラストとは、全国に散在する同業種の工場を連合して、一個の会社を組織することを言う。したがって、会社の売上げは巨大となっても、個々の工場の規模は変わらず、生産費が減少されることもない。

そのために製品の価格が下がることはなく、ときには上昇することもある。そのために、社会はトラストを競争を廃止するための策として非難する。トラストを擁護する論者は、まず第一に運送費用の節減を説く。

各工場が、それぞれの営業区域を定め、他の区域に侵入しない場合は、製品の運送費を節減することが可能となる。これは生産費の中に、製品の運送費のコストが大きい鉄材などには、表面上、かなりの利益をもたらすものである。

しかし、同一業種の中に、巨大な工場が一カ所あれば、その製品はその地方の需要をまかなって、なお余裕があるため、運送費を投じて遠隔の地に運んでも、もともとの生産費が少ないので、その地方の小規模工場よりも安価に販売できるのである。

そのために、各地に散在する小規模な工場は、たとえ運送費については有利でも、それ以外の点で大工場に勝つことはできないのである。

したがって、トラストについて極論すれば、これに加入する小工場は、すべて生産を廃止し、一点に大工場を建設し、みずからは割り当てられた地域で販売のみに従事するのが理想である。しかし、このような理想はおおむね、その実現を期しがたい。ただし、消費者に対し、安価な商品を提供していることは明らかなことである。

社会は「トラスト」という言葉を聞けば、生産、分配を独占して、競争を押さえ、販売価格を吊り上げるものとし、これを盗賊に近い行為とののしるものである。事実、社会のすべてのトラストが、独占を欲しいままにする組織であれば、これに反論することはないであろう。しかし、事実について、これを詳しくみれば、必ずしも社会の批判は正当であるとは言えないのである。

例外的なトラスト

また、結果的には完全な独占であっても、特許権者が、その特許権にかかわる商品の生産販売を独占するのは、法律もこれを認めている行為である。発明を保護して、一定期間独占の特権を認めることは、国家の制度としても妥当なものであり、世界の多くの国が、細部に違いはあっても、ほぼ同じ制度をとって発明を奨励している。その結果、一つの発明のための巨額の投資も回収の見込みがたち、企業は争って発明に努力を傾けることになる。これは結果的には産業の革新と発展を促し、社会の利益ともなる。したがって、特許権者による独占は、まずこれを非難すべきではない。

特許以外に独占の実をあげる場合について論じるなら、まず原料の独占がある。例としてスタンダード石油会社の独占をあげることができるだろう。

今日、アメリカの石油生産地のほとんどはスタンダード石油会社と結ぶトラストの勢力下にあり、この中で石油原料を買い求めることは、法的には可能であっても、事実上きわめて困難である。スタンダード石油会社が、その原料を買い占めている間は、会社は石油の生産、分配を事実上、独占することが可能になる。

アメリカの憲法、法律とも、市民が自ら原料を買い占める自由を認めていることである。アメリカの市民は、自分の欲するところにしたがって、どのような物でも、いくらでも買い入れる権利を持っているのである。また実際には、原料の独占に成功しているのは石油産業のみで、しかもスタンダード石油会社一社のみという現状から見れば、新たに法律を制定して、原料を買い入れる権利を制限することは、決して好ましいことではない。

そのような制限を行えば、石油以外の業種に、購入、売却ともにさまざまなトラストの結成を促す誘因となるだけである。

スタンダード石油会社の石油買い占めは、同社創立者の非常な敏腕と、買い占めを容易にした石油生産業界の特別な事情によるもので、将来、他の業種で同じことが起きる可能性は、ほとんどない。

またスタンダード石油会社の規模がきわめて大きいために、安価な石油を供給できることは、とうてい他の小会社の及ぶところではない。このような実情をみれば、スタンダード石油会社のトラストについては、他のトラストとは同一に論じることはできないのである。

なぜトラストができるのか

鉄、鉄鋼、その他の工業原材料等の中間製品の販売価格は、つねに相場に左右される。それを製造する者は不景気にあえぎ、そのあと、しばらくの期間、価格が高騰し、大きな利益をあげることができる。

しかし、そのあとまた市場が沈滞し、打撃を受けて、せっかく蓄積した利益も、あっという間に消滅してしまうのである。

もともと、市場が沈滞している間は、いずれの工場もその規模を拡張することはない。

しかし、その期間も、合衆国の人口は絶えず増加し、したがってその需要も年々増加しているのである。

そして、需要が供給を超える日が必ずやってくる。その日を境にして、価格は連日上昇を始めるが、相場の上昇を見てにわかに生産を増加させようとしても、鉄鋼の場合、原料を土地から掘り出して製品とし、その産出額を増加させるのには、いくら急いでも、一〜二年の時間がかかるのである。このために、需要は急増しても供給がこれに伴わないために価格は暴騰することになる。

この時期には旧工場も拡張を終え、一切の需要に応じられるようになるので、たちまち供給超過となり、相場は一転して暴落する。一度相場の暴落が始まれば、工場の経営者は、販売量を増やして収入を維持しようとするために、ますます供給超過となり、その結果は深刻な不況となり、容易に回復できない打撃を受けるのである。

製造業者の多くが生産原価を下回る価格での販売を余儀なくされ、売れば売るほど損失が発生して破産に瀕すると、必ず業者の中から、生産量と販売価格の協定を呼びかける者が出てきて、製造業者は次のようにいうのである。

「今日、われわれが法外の苦しみをなめているのは、すべて無謀な競争のためである。およそ競争は、野蛮、無知な者のみが行うことである。われわれは兄弟である。お互いに相手を助けることによって、今日の損失を免れようではないか」

この呼びかけに応じて、提携がはじまり、種々の契約が交わされる。しかし、これらの契約は、守られる契約ではなく、破られるための契約である。

トラスト結成が順調に進まないときは、運動を引き受けると称して、怪しげなブローカーが跋扈《ばっこ》する。協定破りをする可能性のある工場を、トラストで買い取れるように斡旋すると称して、老朽化して使用に堪えない工場をトラストに高額に売りつけるのが、彼らのビジネスである。多少の例外はあっても、ほとんどのトラストは、このようにして成立するのである。

トラストがもし、市場の好況なときに成立すれば、たいていのトラストは非常に成功し、産業界は競争を完全に防ぐことができて、トラストは工場の経営に、あたかも万能膏薬のような効果をあげるだろう。

社会は一時は価格の騰貴に驚き、不平を述べ、攻撃することがあるとしても、この時期は諸物価もまた騰貴しているため、価格の上昇はトラストの結果ではなく、自然なものだと強調しても、いずれうやむやのあいだに受け入れられることになるのは確実である。

トラストが有効に機能すれば、競争は一時的に阻害されることはあるかもしれない。時には、一時的な阻害にとどまらず、競争そのものを完全に防止することもあるかもしれない。

しかし、このようなことは、まったく一時的なものであり、必ず競争は復活するのである。たとえば、トラストに加入している業者の利益がきわめて大であったとしよう。内外の資本家は、つねに目を皿のようにして、有利な事業を探しているのであるから、必ず見つけられることになる。

まず、会社重役の親戚、トラスト担当者の親戚等は、その事業で暴利を得られるのを知れば、友人の資本家と相談して、共同でトラスト外で新工場を興すことを計画するだろう。彼らの建設する工場は規模は小さいが、トラスト加盟工場と同一の製品を造り、同一の物品を販売する。もし、このアウトサイダーが、新顧客の開拓のために売価を引き下げれば、トラスト加盟工場も、これに対抗するために売価の引き下げを余儀なくされるのである。

この場合、新工場の損失は微々たるものであっても、トラストに加盟する全工場の損失は、一ポンド当たり一セントの値下げでも合計すれば、数千ドルに達することになるのである。そこでトラストは巨費を投じてこの新工場を買収しようとする。

小工場を始めて、トラストに対抗しようとする者は、その事業の成否にかかわらず、トラストから買収を受けて、巨額の資金を得ることができる。このようなことが知られると、またたく間に、追随者が現れるのである。

トラストが一工場を買収し終われば二工場現れ、二工場の買収が終われば、また、たちどころに三工場が現れる。結果として尽きることなく、トラストが失敗するまで、このようなことは続くのである。

どのような製品のトラストであれ、もし、トラストが不当な暴利をむさぼれば、このように必ずトラスト自身の中に自壊の芽を育てることになるのである。

⚜ 本文の「トラスト」という言葉は、現在の定義にしたがえば、カルテルとトラスト、コンツェルンの三者を混同した内容になっている。

冒頭の「全国に散在する同業種の工場を連合して、一個の会社を組織する」というのは、次の三つの場合が考えられる。まず第一が株式の議決権だけを集約して、事実上一人または数人のリーダーに信託（トラスト）し、会社の重要な政策の決定権を委ねるものである。初期のスタンダード石油は、この方法でロックフェラーのもとに、四〇社以上の独立石油会社を集約したトラストであった。

もう一つはカルテルで、各社が原則として対等の立場で相互に協定して、仕入れ価格、販売価格、販売地域、販売時期などを取り決めるものである。

最後の場合は会社同士が相互に株式を持ち合う場合と、一方の会社がもう一方の会社の株式を、議決権を十分左右できるだけ持って、事実上の子会社にしてしまう場合、あるいは会社同士が話し合いで合併してしまう企業合同がある。これらをひとまとめにしてコンツェルンという。結合の強さから言えば、コンツェルンがもっとも強く、最初のトラストがもっとも弱い。また、原文の文脈から言えば、ここにあげているトラストは、カルテルを指している場合が多いようである。

また、『富の福音』の発刊された翌年、アメリカでは独占禁止法の原型であるシャーマン・アンチ・トラスト法が成立して、「トラストやカルテルは社会悪」という合意が成立した。しかし、実際の法律は抜け穴が多く、最初のあいだは単なる訓示規定に過ぎなかった。

カーネギーは、トラストにもカルテルにも参加せずに、独力でコンツェルンを築いたのだが、その成長の過程でカーネギースチールは、しばしばトラストやカルテルの標的とされている。つまり、同業者に言わせれば、カーネギーは、もうけ話にのってこない「話のわからぬ男」だったのである。

経済法則とトラスト

トラストがアメリカ国内で見られるようになってから、まだそれほど多くの時間はたっていないが、すでにその影を完全に消したトラストは数多くある。現存するものも大半はその実態を失い、なんらの力も持たないのである。

現存するトラストで、活発に活動し、真に独占権を手中にしたものは、ただの一つもないと断言してよい。

金属の半製品の業界の多くは、何度かトラストの結成を試みたものの、多額の支出をしただけで成果をあげることができず、もはやトラストの名を聞いても何の反応もないのが普通である。

トラストの結成は、産業の発展に好ましい行為である。まず、トラスト結成の効果として、商品価格が騰貴するが、これは永続的なものではなく、必ず下降に向かうものである。なぜなら、産業界でまだ活用されていない資本は、トラストの得る暴利を見て、必ずこれと競争する事業を興すものである。

これによって、生産力は必ず需要を超過し、価格は低落する。ことに最後に工場を建設するものは、必ず最新の方法をもって行うために、その生産費は旧来の工場より安価になるものである。

トラストがなければ起きない技術革新も、経営革新も、トラストが結成されたために呼び込まれて、結果的には旧式な工場や経営者を一掃し、安価な生産費をベースとする新しい価格が根づくことになるのである。

たとえ一時的にトラストによって価格が上昇することがあっても、真っ先に自滅するのは、技術革新も経営革新もしようとはせずに、トラストによって生き延びようとする旧式な工場の経営者なのである。天の配剤とはこのようなものである。

経済を支配するすべての法則は、人の天性から出て、その必要に基づいて動くものである。人間社会における競争は、自然の法則であり、これを阻止するような行為は、すべて失敗に終わるのである。

新聞紙上では、ほとんど毎日のように、なんらかのトラストの結成のニュースが報じられている。しかし、多くのトラストは、朝姿を現しても、夕にはその影さえ見ることのできないかげろうのようなものである。

もし、工場の経営者で、トラストの誘いを受けた場合は、まずその結果をよく考慮して極力参加を拒絶し、無益なことに資金を投じるよりも、技術の革新や経営の革新に資金を投じることである。

トラストであれ吸収合併であれ資本の合同はその目的をまず、物価の引き下げとしなければならない。それによって、それまでは王侯貴族、あるいは富裕な人たちだけの占有物であった物品や便益を貧しい人たちの家にももたらし、彼らの幸福を願うものでなければならないのである。

そして、トラストにはこのような力はないのである。このようにして見れば、トラストを真に恐れなければならない人は、ただトラストの力を信じ、苦境を脱出しようとして、かえって破滅に走る人だけであると言えよう。

第四章　労働問題と経営者の見解

過去の労働者の状態

過去三〇〇年間、労働者はまず権勢の抑圧に対して戦い、次に資本の抑圧に対して戦い続けてきた。その間、多少の起伏はあったが、彼らの努力と時勢の変化によって、労働者は今日の地位を得るようになったのである。

昔の労働者は、主人の所有物であり、権利も自由も認められていなかった。これをイギリスの歴史に見れば、一七世紀初頭のシェークスピアの時代に至るまで農奴の制度があったのである。

当時の労働者はすなわち主人の奴隷であり、農奴は土地の付属物であり、その土地に生える樹木や雑草と変わらなかった。これを土地とともに売買し、どのような主人のもとに働くことになっても、農奴はいっさいの異議を唱えることができなかったのである。

この時代にはストライキはなく、職工組合もなく、雇う者と、雇われる者との間に論争もなかった。これは、その必要がなかったというのではなく、ただ、労働者に対する圧迫が強烈で彼らが反抗する気力をなくしていたためである。

今、手元にある『イギリスの職工同盟』を見れば、その一一九ページに次のような記述がある。

「法律は鉱山所有者のみを保護し、労働者は解雇されないかぎりは、鉱山を去ることができなかった。鉱山が売買されれば、彼らは鉱山への投下資本の一部として取り引きされていた。もし彼らが鉱山から逃げだして、他の所で労働していることがみつかれば、鉱山の所有者は労働者を鉱山に連れ帰って、その労働者を窃盗罪で罰することができたのである。一七七九年になって、この法律は改正されたものの、完全に廃止されたのは一七九九年になってからであった」

フランスでは一八〇六年まで、労働者はすべて免許状を持っていなければ労働することができなかった。ロシアの場合も、農夫がその土地とともに売買される風習は、最近まで残存していたのである。

それらを現在の状態と比較すれば、労働者の身分に関する変化の急激なことに驚かされる。そして今日では、アメリカ、イギリスをはじめ、世界の文明国では、労働者の地位は独立していて主人と従者の関係ではない。労働者を雇用する者は、労働者の主人ではなく労働力を購買する者であり、労働者もまた、労働力を供給する者であって雇用者の従者や召使いではない。人間としては、お互いに対等なのである。

労働者は、自分の労働力を誰に売るのも自由であり、もちろん売らない自由も持っているのである。これは、かつてのイギリスの法律が、労働者の意思に関係なく労働させたのとは根本的に異なるところである。労働者が労力を提供する約束を果たし、その任務を終了させれば、そのあと雇い主に負う義務は何もないのである。

今日の労働者は、政治的にも自由であるだけではなく、経済上も雇い主と対等の権利者として認められているのである。

労働争議の原因

労働者の権利が改善されてきたのは、歴史が語るとおりであるが、現状をもって資本と労働の関係が完全に定まったとはいえないことも事実である。両者の間は絶えず利害が衝突し、今後もその関係について多くの改革を実施しなくては、産業界の平和を望めないのである。もともと資本と労働は互いに協力して、調和、発展を望むべきものであるにもかかわらず、いまや両者は互いに衝突するのが通例となっている。その数例をあげれば、フランスのある工場では、職工たちが連合して経営者に敵対するだけではなく、支配人の家を襲撃して支配人を殺害したということも伝えられている。

また、職工たちが、その職務を放棄して徒党を組み、市中を横行して治安を乱したという。

イギリスにおいては、サンダーランドの某造船所では長期間にわたる資本家の工場閉鎖のため、多くの職工とその家族が生活の糧を得られず、餓死寸前の状態と伝えられ、またリセスターにおいては、職工同士が争って修羅場となっている。

これらの例はヨーロッパのみではなく、アメリカにおいても最近、労働争議、ストライキが多数発生している。これを見て社会の識者は、資本と労働の力関係が正常でないために、このようなことが、多発すると説くだけである。

ストライキであれ、ロックアウトであれ、たとえ成功し、あるいは失敗するとしても、結果をもって正邪を判断すべきではない。これは国家間の戦争のように、力のあるものが正しいとするようなもので、労資の紛争に正邪を言い立てることは、何の意味もないのである。

地球上ですべての戦争がなくなるまでは、真に文明の域に達したとは言えないように、ストライキもロックアウトも影をひそめるまでは、資本と労働の関係は完璧なものになったとは言えないのである。

およそ争議の起きる原因は、まず労働者に不満があり、資本家との関係に調和が存在しなくなったときである。

たとえば、農家が農業労働のために数人の労働者を雇い、あるいは富豪が、執事や調理人、女中等を雇った場合、彼らはいずれも労働者には変わりはないが、いまだかつてストライキを起こしたという話は聞いたことがない。

数人の労働者でなりたつ企業において、労働者の間に不満の声があがるのは非常にまれなことである。これらの点を考えて、私の論究する範囲は、最近の大資本家による事業に関して的を絞ることにする。

非現実的な生産組合

労働者優遇の方法として第一に論ずべきものに生産組合がある。これは、労働者を組合員にして、工場の生みだす利益を分け与えるものであり、あたかも、農民が自分の耕す土地をすべて自分が所有するようなものである。したがって労働者もまた、独立の人格を持ち、大いに自重自尊の心を持って、個人としてもいっそう有為の人となり、国家のためにも信頼される国民となる……という論である。

しかし、残念なことに生産組合の成立にはたいへんな困難がある。その困難とは製造業、鉱業、商業等、いずれにも付随するもので、どうしようもないものである。

今ここに、二人、または二つの会社があり、ボイラー、鉄工場、紡績工場、あるいは運送業、または商業を始めたとしよう。営業する土地は同一で、資本も信用もまったく同じとすれば、経営者の力量を知らない第三者は、おそらくこの二つの会社は同じ程度の成功を収めるものと判断するに違いない。

しかし、事実はそのようにはならないのである。ある期間が過ぎたあとにこのA、B二つの会社を観察してみればその違いが明らかになる。A社は最新の設備を持ち、毎年巨額の利益を生み出し、賞与、配当等を与えているので労働者は満足し、労資間は和気あいあい、心を一つにしてさらに業務に励むのはもちろん、ライバル工場の優れた職工をもひきつける。

これに反してB社は、設備は老朽化し、営業は不振のため、賃金は低く、もとより賞与、配当等があるはずもない。かろうじて営業を続けていたとしても、負債は増加するばかりということになる。

このような二つの会社に働く労働者は、賃金、待遇、将来性等を考慮し、手腕も才能もある者ほど、一方から他社へと籍を移すのが当然である。たとえ、会社を変わることのない労働者も、心のうちに不満を抱き、経営者の無能のために労力に見合った報酬を得られないのは、労力の窃盗に等しいと感じるものである。

このようなことは、一つの会社がいわゆる生産組合で、職工の頭が経営者となり、その利益のすべてを惜しみなく職工に配分していたとしても、結果は変わりないのである。

今ここに、職工が多数集まって工場を経営したとしても、現在の職工の知識をもって、多年実業経営の訓練を経た者と競争して勝つことはとうてい考えられないのである。もし幸いにして成功したとするなら、それは多くの労働者の尽力によるものではなく、業務担当者のうちに経営手腕にすぐれた人物がいたからなのである。

今日、労働者が利益の分配を受けて労資双方ともにうまくいっている国は、世界に二つしかない。すなわちイギリスとフランスである。

しかし、その実態を見ると、この二つともに現在のオーナーが創立したもので、現在の経営者は創立にいっさい関わっていない。事実はオーナーの思いやりによって利益を職工に分配しているだけなのである。

もし、これら天与の才能のあるオーナーが引退していたなら、それらの工場は今日の隆盛を保っていたかどうか、たいへん疑問である。おそらく隆盛は保てなかったであろう。

文明が進歩して人々の理想が向上すれば、実業の才能ある者がすすんで生産組合に入り、自己のためだけではなく、その工場の全労働者とその家族の利益のために働く時代が来ることは否定できない。

事実そのようになれば資本と労働の問題は、すべて完全に解決されることになるだろう。しかし、この実現は夢物語であり、現代に生きる者がとるべき道ではないのである。

労資紛争仲裁委員会について

労資に紛争があれば、まず問題の解決を公平な仲裁者に委ねることだという説がある。これは生産組合に比べて穏健着実なものである。そこで実際にこのような委員会ができるとすれば、その前に、労資ともに守らなければならない一つの原則を提案しよう。

まず、労資間に紛争が生じれば、必ず一方より妥協案を出し、他がこれを拒むに至って初めて工場を閉鎖し、ストライキを行うべきである。この手段を経ずに労資のいずれかが実力行使を行った場合は、これを不法行為とすることである。

もっとも今日においても、労資間の紛争が激烈で、当事者間の冷静な話し合いが難しい場合は、利害関係のない第三者に調停を依頼することは、ときに応じて行われていることである。

しかし、このような紛争の調停に当たる場合は、当然、会社の収益状況、今後の見通しなどを調停者が正確に知ることが必要である。

第三者が会社の収益状況の説明を受けても、それを理解する脳力がなければ意味をもたないし、完璧に理解できるとしても、その人が当面の競争相手であれば、商人の情として、すべてを知らせることをためらうのが当然である。

残念なことに、アメリカでは壮年の間に実業に従事して老後に引退する人がなく、ほとんどの人たちが、最後まで現役として活動している。しかし、イギリスのように、実業家は相当の富を蓄積すれば、引退して余生を楽しむという風習であれば、まずこのような人たちを仲裁委員にすれば、きわめて適任といえるだろう。

また、ジャーット氏、ワイル氏のように、以前に職工同盟の長として活躍し、現在その職を退いた人たちも、労働問題に対して特別な知識を持ち、実業界の内情も熟知しているために、委員を委嘱し、公平な立場から、適正な解決策を勧告できるようになるだろう。

職工組合について

労資の間にあって、労働者の結成した職工組合が大きな力を持っていることは、しばしば議論されることである。イギリスにおいては、職工組合を結成することは職工の当然の権利としてこれを妨げるものはない。

しかし、アメリカにおいては職工が職工組合を結成する権利を持つことに疑問を持つ人たちがいる。これは、非常に残念なことである。しかしながら、このように主張する人は漸次減少して、必ず職工の権利はイギリスのように認められるようになるだろう。

職工が集まって組合を結成する権利は神聖なものであり、法律等をもって禁じることではない。これは資本家が集まって組合を結成して、種々の問題を協議する権利と同等なのである。イギリスにおいては、すべての職工が組合を結成する権利を持つのに対して、アメリカではこの権利を制限しようという動きがあるが、このようなことはアメリカ社会の恥である。

私の経験から言えば、職工組合は、職工の利益になるのはもちろんのことであるが、資本家にとっても、きわめて有益な組織なのである。その理由の第一は、組合は職工を教育するのに、きわめて適切な組織だからである。

ことに資本と労働の関係のように、的確にその観念を教えることができるのは、職工組合をおいて他に適当な機関を見ることはできないのである。これは資本家にとっても、きわめて有益なことなのである。

職工組合が結成された場合は、職工の中でもっとも有能で、リーダーシップのある者が組合長となるのが自然の理である。これはまた、資本家の利益でもある。なぜなら、職工が聡明であれば、たいていのことは話し合いで解決するのであり、資本家と争うことは少なくなるのである。

職工は通常、自分の意見を発表して資本家と交渉することには慣れていない。資本家がどれだけ誠実に職工の意見を聞こうとしても、職工が何を話したいのか理解できなければ、十分な対応はできない。また、仮に資本家が職工の意見に応えたとしても、その言葉の内容を完全に理解できる職工は少数である。

したがって、適当な組合がない場合は、職工と資本家の交渉はお互いに相手の意思が理解できないまま、威をもって相手を圧したり、言を巧みにしてその場をごまかしてしまうという形になりやすい。

そのために、職工たちが仲間うちより聡明な人物を選んでその意思を代弁させることは、自分が直接交渉に参加するよりも賢明な方法なのである。なぜなら、交渉にあたる人が聡明であれば、その人の権利はもとよりその意見も尊敬されるからである。同じ話をしても、Aの話なら耳を傾ける人が多いが、Bの話なら誰もまじめに聞こうとはしない……このようなことは、世間に普通に見られることであり、労資の交渉の場でも例外ではない。

また、交渉にあたっても、職工組合の長ともなれば、資本家の発言が一時的なごまかしに過ぎないのか、誠実に履行する意思のあることなのかを確実に見抜く能力を持っているものである。そのために交渉にあたっても、最初から駆け引きに類する発言をして、お互いに相手の信頼を失うようなことはしないものである。

また、会社の現状をよく知り、市場の状況を理解できる者が職工組合の指導者であれば、事業不振の場合は賃金引き下げの相談にも応じやすいのである。

その他、会社が職工組合と相談して、職工の業務に関する知識の向上につとめれば、長期間にわたって、機械や原料等に大きな経済的利益を生み出すものである。

これは当然、職工の賃金にも良い影響を与えることは論ずるまでもない。**このように、職工組合があって、その指導者が聡明であれば、資本家は組合のない工場よりも安心して業務を行うことができるのである。**

大規模工場と職工組合

労資間の紛争が起きやすいのは、おおむね大規模な工場である。その多くは、工場の所有者が直接業務を管理せずに、部下の支配人等に一任しているものである。しかし、その支配人は、工場に働く職工に対して永久の利害を持つ者ではない。彼らは、期末には決算表の体裁を飾ることにつとめ、株主に通常以上の配当を確保して、自分の地位を安泰にすることに熱心になるものである。

また、自分の任期中は取締役会や株主からの干渉を避けるようにつとめ、営業を自分の意思で自由にコントロールできるようにすることが、彼らの最大の関心事である。もちろん、このような人物は、工場に働く職工の意思、希望などは眼中にない。このようなことがストライキを誘発する原因となるのである。

これに対して、小規模な工場で所有者自らが常に工場で職工たちと接し、彼らの人物、希望、家庭の内情まで知り尽くしているような場合は、ストライキが発生することはほとんどないのである。これはストライキの理非を見る前に注目すべきことである。

工場に紛争が生じた場合は、まずその第一の責任者は工場の所有者に存在する。社長といわれ、オーナーと称し、資本家といわれるとしても、工場の所有者が工場から数百マイルも離れた遠方に居住して、一年にわずか一、二度、工場内を通過する程度をもって良しとするならば、ストライキのすべての責任は工場の所有者にあるとされてもやむを得ないのである。

同じことは工場の支配人にもいえることである。支配人がたびたび職工の代表者と会見して、職工の意思を汲み上げ、会社の方針に理解を求めている場合は、職工との紛争に苦しめられることは少ないのである。

大会社を所有し、その社長をつとめている場合は、自ら多数の職工を知ることは不可能である。そこで、職工の中から代表を選んで、ときどき、その意見や希望を聞くようにすれば、資本家と職工の関係をより親密なものとすることができるのである。

この場合、職工組合があれば、職工の代表を一方的に指名することはなく、真に職工の総意を代表するものを組合自身が選ぶために、話し合いで決めたことは職工の間で守られやすいのである。

このようにして、職工組合は、資本家と職工の関係を危うくするものではなく、かえって雨降って地固まるといわれるように、両者の関係は親密になるのである。ことに職工組合が、一工場の職工のみで結成されている場合は、この関係はなお良好なものになるのである。

職工組合の存在は会社の利益となる

職工との親密な話し合いによって、思わぬ利益が生まれることがしばしばある。私がかつてピッツバーグの工場で職工の代表と会見して雑談に及んだとき、一人の職工が、

「普通の職工は、毎月末に給与を受けても、一カ月間これをもたすことができず、月の半ばともなると、近隣の商人から現金取引よりも二五パーセントも高価なものを掛け買いしている」

と話したことがあった。そこで私は、

「もし会社が二週間ごとに給料を払うようにすれば、そのような無用な支出は避けられるのではないか？」

と尋ねてみた。

彼はただちに次のように答えた。

「もちろんそのようにしていただければ、たいへんありがたいが、給料支払事務が倍増することを考えて、あえて言わなかった。しかし、給料が月二回払いになれば、職工にとってはおよそ五パーセントの増給に相当する」

同席した職工の委員も全員、彼の意見に賛成したので、私はその月からただちに給料の月二回払いを実行したのだった。

また、次のようなこともあった。一人の職工代表が私に語った。

「自分たちは毎日、石炭の山に埋まって仕事をしている。しかし自宅では、近隣の燃料商から必要な石炭を買うので、その価格は会社が買っている最上級の石炭の二倍以上もする」

私はただちに、会社の石炭を、職工の家庭に、会社が仕入れる値段で販売し、代金は給料より徴収するとの案を示した。もちろん、その提案はただちに職工の代表たちに受け入れられた。

会社はこれによって、職工の各家庭に石炭を配送する費用のみを負担したが、職工が受けた利益は、それよりもはるかに大きなものだったのである。

彼らは私と会うごとに、職工の労力を軽くし、生産性を高め、機械を改良するなどのさまざまな提案をしたが、その結果は、会社が職工に与えることを約束したものよりも、はるかに大きな利益を会社にもたらせたのである。

これらのことは、私がたびたび職工の代表たちと会っていなければ、彼らのほうから言い出すこともなく、会社が自発的に気づくことも、ほとんどなかったことである。

私が、大規模な事業所には職工組合を作ることを援助し、職工の中から代表を選ばせて、その苦痛や希望をたえず聞く機会を設けるように主張するのは、このような経験に基づくものである。

資本家がいかに賢明であっても、生産現場の知識は、自ら機械を運転して、原料を扱っている職工たちに及ばないことは当然である。

もし、資本家と職工の関係が親密であれば、職工が自発的に機械を改善し、労力や原料を節減する等の工夫をして、資本家にその実施を提案するのはまれではない。これは資本家にとって非常に大きな利益となる。

しかし、お互いの間が親密でなければ、このような利益が生み出されることはなく、結果的には資本家にとって大きな損失なのである。自分が支配する工場で働く職工を信用せず、尊敬しない支配人や資本家は、職工からも信用されず尊敬もされない。

その結果、彼らは利益を獲得できる機会を失い、最後には社会からも信用されず、尊敬されなくなってしまうのである。

資本家が職工の代表と会う回数があまりに多ければ、業務に支障を来たすものという懸念があるかも知れないが、私の経験からすれば、特に問題のないかぎり年に三、四回と定めれば十分である。

賃金の決定方法

大規模工場で紛争が多発する原因の一つは、その時の経済の事情からみて、職工の賃金が妥当なものでないことにある。その一例をあげて説明してみよう。

中間材を生産する大工場では、おおむね六カ月をめどとして、先物の売買契約をする。契約価格は、当然、契約時の時価である。もし、その価格が変動しなければ工場の経営に妙味はないものの、不覚の損失を被《こうむ》ることもない。しかし価格は絶えず変動し短期間に暴騰することもある。

たとえば一八八五年末の鋼鉄価格は一トンにつき二九ドルであった。そこで、各工場とも、この価格で翌八六年上半期の販売を契約した。ところが、年が明けるとともに、鋼鉄価格は上昇を始め、短期間にトン当たり三五ドルにまではね上がったのだった。この結果、銑鉄などの原材料価格も一斉に騰貴し、鋼鉄の市販価格を基礎にして契約する運賃も一斉に上昇した。

このとき、私が調べたところでは、一八八六年上半期のアメリカの製鋼工場の平均販売価格は三一ドル以下であった。これによって、製鋼工場を経営する資本家は三五ドルと三一ドルの差額分の損失が発生し、たとえ利益を得る会社があったとしても、それはきわめて僅少なものだったのである。

しかし、製鋼工場で働く職工たちは、毎日の新聞で鋼鉄の市況が好調なことを知り、賃金引上げを要求してきた。これは職工としては当然の要求であり、あやしむことではない。

もちろん、交渉の席上で、実際には会社は鉄鋼を相場で販売しているわけではなく、逆に大きな損失を出しているという実情を説明することはあったが、職工たちは納得せず、賃金引上げの要求を承諾する以外に方法がなかったのである。もし、彼らがストライキをもって要求を実現させようとすれば、資本家は顧客との契約を守るために、他所より高価な鋼材を時価で買い入れ、契約価格で顧客に販売せざるを得ず、受ける損害は、あまりにも膨大なものになるからである。

しかし、この価格の暴騰は長続きせず、約半年で反転した。その結果、多くの製鋼工場が六カ月間にわたって、相場よりも高い価格で製品を売ることができたのである。もちろん、原材料や運賃は、相場にしたがって下落しているために、利幅は大きく、当時の鉄鋼の時価から見れば、支払うことが困難なはずの高い給与も、容易に支払うことができたのだった。しかし、資本家の立場としては、市況が下落すれば賃金も削減するのが当然として、その引下げを職工たちに通告したのだった。

このため、鉄鋼業界では賃金引下げを不満とするストライキが続発した。これを客観的に見れば、会社が利益を減じつつあるときは、職工は増給を求め、会社が利益を急増させているときは、会社は職工に減給を求めるという、いずれの側にたっても、紛争が起きて当然という状況だったのである。

このようなことを避けるためには、賃金を基本部分と市況によって変動する部分に分けて、変動部分は毎月の新聞紙上の相場に比例して上下させるのである。すでにシカゴのローリング・ミル会社では、この方法で賃金を決めているため、ストライキはもとより賃金について職工のあいだに不満が生じたことはなく、労資間の関係はきわめて円満であるという。

また最良の工芸用鉄鋼製造所として有名なピッツバーグ・クレセント鉄鋼工場では、熟練工の賃金についてのみ、この方法を採用して優遇しているが、これは、労資の双方にとって利益をもたらしているのである。

賃金スライド制の短所

賃金スライド制を取り入れた工場では、職工の賃金は毎月賃金を改正しているため、賃金から生じる一切の紛争はことごとく消滅する。ストライキもロックアウトもなくなるのである。ただ、最初に標準を決め、賃金のどの部分をスライドにするのか協議するには多少の困難はあるが、その困難を解決するための労力は、紛争の続出に比べれば問題とするようなものではない。

もちろん、どのような方法にも短所はある。スライドの基準となる相場は実際に会社が売買する価格ではなく、新聞紙上に報道されたものとなるために、労資にとって常に完全に公平であるとは言い難い。

たとえば近年の鋼鉄のように、市場の不景気なときになお相当量の取引を維持するためには、公表相場以下で契約せざるを得ないときがある。この場合も、会社は公表相場によって職工に賃金を支払うために、その損失は資本家のみが負担することになる。

以上のように賃金スライド制にも多少の欠点が見出されるが、その欠点を修正するために、次のように定めることが望ましい。

まず賃金の改正は一年に一度として、もしその期間に放置できないほどの大変動のあった場合は、随時部分的な改定を協議する。また、スライド制を定めたあと、解釈が一方に片寄らないように、前もって商事仲裁所において検閲を受けておく。さらに、毎年の賃金改定の協議において労資間で話し合いが整わないときは、ただちにこれを仲裁に移し、仲裁委員の与えた採決は、これを協議開始の日にさかのぼって適用することにする。

このようにすれば、賃金の改正に当たって工場は一日も休止することなく、ストライキもロックアウトもその影を潜めることになるだろう。

資本と労働は仇敵ではない。車の両輪のようなものでその利害は等しいのである。社会には車の一方の車輪の回転のみを速めて、車を破壊することを考え、熱心に運動する者がいる。このようなことはいずれの側に立つとしても、社会のためにはならないのである。資本家、労働者諸氏の一考を求めるものである。

Andrew Carnegie

The Gospel of Wealth

第五章　アメリカの興隆と帝国主義

Ⅰ　国家間の同盟は頼りにならない！

極東の領土と戦争の危険

私はいくつかの理由により、極東の領土は危険をはらんでおり、アメリカにとっては不幸をもたらすもの以外の何ものでもないと思っている。

最近では一週間が無事に過ぎるのはまれで、次々に入ってくる驚くべき報告は、列強間の戦争の兆しや新同盟の締結、そして同盟相手の鞍替えなど、戦争に向けての情報ばかりである。世界の造船所、銃砲製造所、装甲製造所が昼夜兼行で忙しいのは、この極東の問題が原因となっている。まさしく極東に落雷の恐れがあり、嵐はそこで起きるのである。

日清戦争で日本が中国に勝ち、中国領土の一部を譲り受けてからわずか四年しか経っていない。そこで登場したのがフランス、ロシア、ドイツの同盟で、彼らは日本を中国から追い出してしまった。ロシアは勝ち取った土地の一部を手中に収め、ドイツものちにその近くの領土を手に入れたが、日本はすべてを取り上げられた（訳注：三国干渉を指す）。列強の中でもっとも力のあるイギリスは中立の立場をとったが、もし、イギリスが日本の肩入れをしたならば史上最大の戦争が勃発したかもしれない。

ドイツが中国の特定地を譲り受けると、イギリスはいち早く首を突っ込んできて、ドイツは中国領土の「門戸開放政策」を維持すべきだと要求した。同様の要求がロシアに対してもなされた。両国とも仕方なしにこれに同意した。極東はダイナマイトの宝庫であり、いつ爆発するかわからないのである。しかもアメリカは、戦争が起これはこれに参加しようとしている。そのようなことになれば、日本が中国領土の一部を取り上げられたのと同じように、アメリカもフィリピンから手を引かざるを得なくなるだろう。

アメリカと列強の軍事力

極東の支配を争う列強の相対的力関係は次のようになっている。イギリスは軍艦五八一隻（うち新鋭艦八〇隻）、フランスは軍艦四〇三隻（うち新鋭艦五〇隻）、ロシアは軍艦二八六隻（うち新鋭艦四〇隻）、ドイツは軍艦二一六隻（うち新鋭艦二八隻）。日本は近いうちにドイツに匹敵し、現場に近いことから極東において力をつけると思われる。

アメリカはその危険地帯に軍艦八一隻（うち新鋭艦一八隻）で加わろうというのである。しかし戦場から遠く離れているという理由から、実力はこの数字の半分にも満たないと考えるべきである。

極東の危険地帯までの距離は、ロシアが八〇〇〇マイル、他のヨーロッパ諸国が九〇〇〇マイルであるのに対し、アメリカは喜望峰とマラッカ海峡経由で一万五〇〇〇から一万七〇〇〇マイル、ヨーロッパ経由で約一万二〇〇〇マイルである。しかし、ヨーロッパ経由ということは戦時下ではありえない。アメリカ艦隊がヨーロッパを経由することは、ヨーロッパの敵の罠の中にはまり込んでいくようなものだからである。

ヨーロッパ諸国の陸軍は次のとおりである。ドイツ陸軍は平時編制五六万二三五二人、戦時編制三〇〇万人、フランス陸軍平時編制六一万五四一三人、戦時編制二五〇万人、ロシア陸軍平時編制七五万九四四人、戦時編制二五一万二一四三人。フランスとドイツの男性は二〇歳、ロシアでは二一歳を越えると全員に兵役が課せられる。彼らは市民である前にまずは兵士なのである。

明らかに、アメリカは兵力では争えないし、自分の敵対者であるどの国の要求にも反対できない。これは他の列強の中立を保証するが、フランス、ドイツ、ロシアがイギリスに対したのと同じである。アメリカは孤立できない。イギリスの『サタデー・レビュー』誌

（隔週刊）の次の記事は的を射ている。

「まったく率直なところ、われわれが両国（訳注：アメリカ、イギリス）の親善に期待しているのは、双方が利益を得ることである。アメリカとイギリスの代表がパリで行っている取り引きは、本人たちが気付いていようといまいとイギリス海軍の保護の下で行われている。そしてイギリスは、この援助に対して報酬を期待する。

カナダとの関税問題でわれわれはアメリカに寛容な取り引きを期待している。またアメリカがフィリピン諸島を手に入れるときには、われわれのことを思い出してもらいたいと思う。とりわけ、そう遠くない将来の中国問題の処理で、イギリスはアメリカの援助を期待する。なぜならイギリスはよりいっそう強い友が必要である。両国を結ぶその長い友情関係は、公の舞台に対する薄っぺらな感傷で保証されるのでなく、確固とした利益をお互いに享受することで保証されるものであるからだ」

ポッター提督の最近の発言によると、アメリカが極東で表舞台にあえて出るつもりならば「イギリスの手先」になる必要があるとのことだが、これは当たっている。イギリスが中立に立ったことで、そしてこれがただ一つの理由なのだが、アメリカはスペインからフィリピンを取り上げることが可能になったのだった。

そうでなければ、フィリピン問題にフランス、ドイツ、ロシアが関わってこないわけがなかった。そしてアメリカは彼らを沈黙させる代償として、「門戸開放」をしなければならなかったはずである。

もっとも重要な出来事はデイヴィス上院議員の発言である。同議員は上院外交委員会の議長であり、その能力、影響力、地位すべてが威厳に満ちている。氏は次のように言っている。

「私はアメリカ、イギリス、日本の同盟条約に賛成であり、これは三国における赤道以北の利益を保護するものである。その他の各国はわれわれに対して健全な恐れ、言い換えれば尊敬を抱くようになるだろう」

国家間の同盟は頼りにならない！

デイヴィス議員の主張は正しい。つまり、スペインからフィリピンを取り上げるのはイギリスによって許可されたのである。極東における私たちの立場はイギリスの継続的援助または同盟しだいである。これはアメリカが屈辱的な立場にいることを示している。

とはいえ、アメリカはイギリスとの同盟に頼ることができるだろうか。国家間の同盟はヨーロッパにおいては目まぐるしい速さで変貌している。

フランスとイギリスは同盟してクリミア戦争で戦った。両国はアメリカがマニラを勝ち取ったようにセバストポリを勝ち取った。両国の国旗は仲良くその地にひるがえったが、この事実によって領土要求の権利が双方にあることを意味するとは、どちらも思わなかった。

今日、ロシアとフランスは固く同盟を結び、イギリスや他の国々に対抗している。ドイツはオーストリアと戦ったが、今日ではともに三国同盟（訳注：一八八二年、ドイツ・オーストリア・イタリア三国間に結ばれた秘密軍事同盟）を結んでいる。イタリアはフランスと同盟してソルフェリノの戦いを戦ったが、今日イタリアは三国同盟に加入してフランスと戦っている。ヨーロッパはいわば万華鏡である。同盟国は変わり、決裂し、ふたたび同盟して、さまざまな事件によって別の形を形成する。

最近までドイツとイギリスの間に存在していた深刻な不和は、トランスヴァールにドイツが干渉したのが原因だったが、この一週間の間に変化を遂げた。そして「両国は多くの点を理解し合い、将来はよりいっそうの協調を期待する」との発表がなされた。この原稿を書いている今朝はといえば、フランスとドイツは共通の目的のために同盟を結ぶかもしれないと報じられている。これは少し前ならばまずありえないと思われていたのだが、ドイツとフランスが中国から日本を追い出すためにロシアと同盟した事実を政治家はよもや忘れてしまったわけではないだろう。

まったく調和しえないように見えても、不可能な同盟や将来にも結ばれることのない同盟などは存在しない。その国家の手近な利益や野心を満たすためには、同盟の可能性やそれをキャンセルする可能性はどちらも存在し得るのである。デイヴィス上院議員は、自国のためにイギリスや日本と同盟を結ぶことに満足なようだ。仮に今日、同盟を結んでいたとしても、それは一晩たてば一文の値打ちもないものかもしれない。

したがって私は、アメリカの政治家はどんなことがあっても、強靭な軍事力で自分を守ることができない立場に自国を置いてはならないと思う。今のところその軍事力は、たいして頼りにならない。軍艦八一隻は、考慮にいれるにはあまりに微々たる数である。では陸軍はといえば、正規兵五万六〇〇〇人が何になるというのか！ アメリカ陸・海軍は、自国より強い列強に、やすやすと痛撃されるか崩壊させられるくらいしかないのである。

アメリカが極東において頼りにしなければならないのがイギリスの保護である。なんともか細い糸である。アメリカは、次々と位置を変える砂漠に置かれた同盟の上にしか、基礎を築けないのである。

アメリカは帝国主義列強と同じ振る舞いをしてよいのか？

私は、一人立ちができるほどアメリカは強くなれないとか、アメリカは帝国主義の強国となれないがイギリスの弱い子分ではない、などと信じる人々の仲間ではない。

アメリカ自身が帝国主義で強国となるには、帝国主義強国と同じような振る舞いをしなければならない。他のどんな列強の海軍にも勝るとも劣らない海軍を作らなければならない。さらに、海軍に協力する何十万人もの陸軍の正規軍が必要である。

もしアメリカがひたすら休むことなく、イギリス海軍に匹敵する海軍を作ることに専念するとしよう。他の列強の思いどおりにされまいとするならば、海軍は絶対に必要である。そうすると一年に二〇隻の軍艦をつくったとして二〇年以上の計画となる。今までのところ、アメリカの海軍は一年に六隻しか造っていない。二〇隻であれ六隻であれ。これらの船に乗組員を配置するには、そのための教育をしなければならない。

間違いなくアメリカにはこの能力が備わっている。海上であれ陸上であれアメリカ兵士には、他国の兵士と比較して控え目に見ても同等の力があるのは否定できない。それよりも、私はアメリカの職人とりわけ機械工が、世界でももっとも腕ききで、多才であることを知っている。海上での勝利は甲板上の砲兵もさることながら、その大砲をつくる職人の腕にも同じくらいかかっているのである。

いま世界でアメリカの砲兵にかなうものはいない。アメリカ軍艦が無傷でスペイン無敵艦隊を撃沈させたのも、私にとっては何の不思議でもない。

私はこの前の冬を海外で過ごし、カンヌに集まるヨーロッパ諸国の著名人の社交界に加わった。彼らは共通の意見として、しばらくはスペイン海軍がアメリカの優位に立つだろうが、アメリカはそのうちに絶対勝つはずだと認めた。

そこで私は、世界のどの軍艦であれアメリカ海軍と戦えば、必ず他国の船が沈むだろうと言った。その理由は二つある。一つはアメリカの軍艦は最新であること、そしてもう一つは砲台の後ろに控える兵士がどんな人間かを私は知っていたからだ。

万一、アメリカが工業の理想を捨てて戦争遂行の道を歩むならば、アメリカは世界のトップに立つ。これは間違いない。この刺激的な情勢から生まれる兵士は、あらゆる兵士の中でももっとも屈強・敏捷・多才であり、アメリカ人の中には世界中のどのようなライバルにも劣らない組織力が存在する。

しかし私たちが認めなければならないのは、アメリカは適切な海軍もなければ兵隊も持っていないということである。それゆえに帝国主義的な政策をとるためには、アメリカは保護者が必要であり、極東で頭角を現そうとしたところで、現状ではどうひっくり返っても帝国主義強国にはなれないのである。

帝国主義とは、当然海軍と陸軍を持っていることを指す。道徳、教育、文明社会などは帝国主義を支えるものではない。これらの道徳はより高い文明社会を作り上げるためのものであり、アメリカニズムのためのものである。帝国主義の基礎は野蛮な物質的強さであり、物質的軍隊、軍艦、大砲を駆使して相手を沈黙させることである。

「戦力の同盟」と「心と心の同盟」

『ノース・アメリカン・レビュー』誌に掲載された「未来展望」の著者は、英語圏人種の合体に反対だとはよもや思われまい。この合体はかねてから私の夢であり、私の心の底にひそむ衝動の一つである。長年の間、私の生まれ故郷のサマーハウスにたなびく旗がある。それは星条旗とユニオンジャックを縫い付けた旗だ。

もちろん、こんな国旗はどこにもない。この旗はこれからもその地にはためき、またつながった二つの国旗は愛しい抱擁のように左右に風に揺れることだろう。とは言っても私は、デイヴィス上院議員の望むような公式の同盟を支持するものではない。むしろ私が頼っているのは、今日幸いにも存在する「心と心の同盟」である。

戦力の同盟は、ときどき生じる問題いかんで締結と破綻を繰り返す。しかし、人種の持つ愛国心には深いものがあり、表面の波に乱されることはない。新旧大陸間の和やかな感情が続く今の時代が意味するところは、シェークスピアとバーンズの故郷が侵略されるときには、大英帝国は新大陸の親戚の援助をあてにしてよいということである。

しかし、これは新旧大陸のいずれかが、国内外での陰謀をたくらむ双方の支援を保証する意味であってはならない。むしろ、アメリカがどのような同盟にも属さないでいることを意味する。そして今日アメリカが外国の紛争に関係していないという理由から、国際間の紛争に関係しているイギリスを支援しないのである。

イギリスとロシアの例を見てみよう。たった一年前にイギリスの政治家は、自国でロシアに反対する運動をあおっていた。政治家たちは、太平洋に向けてのロシアの拡張を防ぐ提案をした。ロシアにとって太平洋は同一延長線上の領土であり、自国は手堅いままでアジアの領土を吸収してロシアのものにできるからである。

ロシアは、遠く離れた領土を無防備にさらすような愚行はしない。ロシアは常にアメリカの友人であった。南北戦争のときにイギリスの首相だったパーマストン卿が南部に注目せよと提案すると、ロシアはニューヨークに艦隊を送って北部の私たちを支援した。ロシアはアメリカにアラスカを売った。今のアメリカにはロシアと敵対する理由がない。世界中でこの二国だけが有史以来団結し、固く結び付き、そして揺るぎない大国なのである。

そしてその理由は、それぞれが同一延長線上の領土を発展させたからである。ロシアとの貿易をとってみても、わが国の輸出は驚くべき速さで増大している。大量のアメリカ製機関車、鉄橋電気機械がロシアに向けて港を出る。アメリカが最高を誇るもの、またはいずれそうなるものは、すべてロシアに渡る。仮にイギリスとロシアが極東で衝突し、アメリカがイギリスと同盟を結んでいるとしたら、アメリカは最良の友人の一人と戦争をすることになる。

すべての国との友好

フランスとアメリカは当初から友好関係にあった。アメリカ国民は革命のときのフランスの援助を忘れてしまったかもしれないが、本来は忘れてはならないのである。フランスの利害のいくつかがスペインと合致していた。フランスの金融界がスペインの債務を留保していたのである。フランスの信仰はスペインの信仰である。しかし、フランス政府はアメリカとスペインの戦争ではアメリカに味方をしたのである。

アメリカがイギリスや日本と同盟を結べば、フランスと敵対する危険性がある。そのような危険性をはらんだ同盟には私は賛成できない。**予想し得るあらゆる状況の下でも、私はどの列強とも同盟を結ぶことに賛成するつもりはない。アメリカはすべての列強と友好を保たなければならないのである。**これが当初からのアメリカの政策であったし、そのまま維持すべきである。

デイヴィス上院議員の言う「**世界がわれわれに健全な恐れ、言い換えれば、尊敬を抱くようになる日」がくることは、アメリカにとっては望ましいことではない。つまり、すべての国とは友好状態にあるべきで、それは「健全な恐れ」ではなく「健全な友好」なのである。**

イギリスとアメリカの両者間に生じる可能性のあるトラブルについて取りざたされたことがあった。誤解のないように言っておくが、私は両者間に実際に戦争が起きるとは思っていない。それどころか、英語圏人種の二国間には二度と戦争は起こらないだろうというのが私の意見だ。どちらかに不満がでてきたら武力に訴えるのでなく、話し合いによる解決を申し出るだろうし、その申し出を拒否する政府はアメリカであれ、イギリスであれ存在できないからである。

イギリスで知られる史上最強の政府はソールズベリー首相のときである。当時、アメリカのクリーブランド大統領は、ヴェネズエラ問題に関して当然の成り行きとして調停を求めた。周知のとおり、問題が起きたときには、ブラッドストーンを首相とするイギリス政府は調停に合意していた。ところがソールズベリー卿は政権をにぎるやいなや、その協定を拒否した。クリーブランド大統領の要求を退けたのはソールズベリー卿だったが、その結果はどうであったか？

事情を知らないアメリカ大衆の中には、ソールズベリー卿がまもなく一方的に拒否を撤回し、クリーブランド大統領の要求に応じなければならなかったのは、アメリカの態度に押されてのことと信じている人もいる。

しかし、それは一部が真実なだけにすぎない。ソールズベリー卿を支持するイギリス軍隊は政府の決断を変えるようにと詰め寄ったのだが政府はこれを拒否した。これは公然の秘密である。

事件の背後にはソールズベリー政権にもっとも近く、次をねらう人間でクリーブランド大統領側についた人たちがいることを想像することができる。これは公表された外電で十分わかることである。この外電の裏に、常にアメリカの友人であったヴィクトリア女王の姿があったことは、まず間違いない。

理想は「世界連邦」の実現

イギリスとアメリカの間に実際に戦争が起こるという考えは、考慮にいれる必要がないものとして一蹴することができる。しかし本当に怖いのは、イギリスが次のような状態――これは今日でも他の列強が今日でも望んでいる状態である――になった場合である。すなわち、万一イギリスの保護地域がイギリスに対して攻撃を仕掛けた場合、あるいはイギリスの懸念どおり、保護地域が保護をありがたく思わずに、保護に対して十分な返礼をしないとイギリスが考えた場合の二つである。

イギリスは結果的に日本から中国の領土を取り上げたことになるが、それには強い敵意があったわけでなく、単に日本の代わりに中国に干渉しないとの決断による行為だった。イギリスから見て日本に十分な利点があったならば、日本はイギリスの支援が受けられたかもしれない。

ヨーロッパにおける同盟の基盤をなすものは、いつの場合も満足のいく取り引きの存在である。ヨーロッパ諸国はそれぞれに価値があり、どの国にも他国が欲しがる利点がある。フランスはイギリスに対して、エジプトにおける援助をふんだんに与えられる。

一方ドイツの力は、イギリスがデラゴア湾を手に入れ、トランスヴァールの問題にけりをつけることの二点に役立つ。イギリスにとってはそれは喉から手が出るほど欲しいものである。

ロシアはイギリスにとってインドへの恰好《かっこう》の足掛かりとなる。これらの国はどれもが相互利益関係にあり、どの同盟が破綻し、どれが新たに作られるかは皆目見当がつかない。すべては各国の利益しだいである。

しかし、アメリカの立場はこの限りではない。同盟の引き替えとするには、さほど魅力のない申し出しかないからである。どこの国とでも同盟を結ぶことは、強力なライバルの目的のために犠牲になるのがせいぜいである。

現実的な政治家のコントロールの下にその国の立場と利益がおかれるとき、政治家にとっては将来のあるべき姿を考えてではなく、現在の諸問題をより有利に処理するのが重大な任務と見なされる。英語圏人種の団結という夢は誰よりも私の願いだが、このようなうっとりするような夢さえも、国際政治の場では単なる夢にすぎないと認識しなければならない。

私たちは「世界連邦」がいずれやってくるのを知っている。進化論者が信じて疑わないのは最高の理想の実現である。この理想の実現は正義に役立つ。

しかし政治家は夢追い人ではない。自分の願いを事実に対抗させる。とはいっても、アメリカが今日のように、他のどの列強と同盟を結べるかどうかで、来たるべき極東の紛争に参入させようと提案する者は、アメリカの将来を決める人物としてはふさわしくないのである。

アメリカは揺るがない

アメリカの立場を、堅く、しっかりとした、そして揺るぎないものと考えてみよう。世界中のすべての海軍が一丸となってアメリカを攻撃したら、アメリカはどう対応するか。港を機雷で埋め、軍艦を敵の背後に出し、チャンスと見たらすぐさま攻撃に出るだろう。極端な場合はすべての港を封鎖し、大型平底船の数隻しか出入りできず、世界中のどの列強も甚大な打撃を加えることができないだろう。わずかにアメリカの周辺だけが被害を受け、アメリカの中枢はほとんど攻撃を受けないだろう。

アメリカの港の封鎖が主要国に与える被害は、アメリカ自らが受ける被害に比べていっそう深刻となる。食料と綿花の輸出停止は、イギリスに物資欠乏と困窮をもたらすからだ。イギリスにしてみれば、これは戦争に負けるよりも被害甚大である。フランスやドイツにとってもアメリカの輸出停止によってこうむる被害は、通常の戦争の結果よりも深刻である。ぐるりと柵に囲まれていて安全な、自己充足をすることのできる国アメリカに大きな打撃を与えようとしても、いかにその試みが無駄なことかを早々に強国は気がつくだろう。

封鎖中は急速な国の繁栄は望めないが、アメリカにとっての心配はただそれだけなのである。海外貿易が打撃を受けるといってもそれはわずかであり、せいぜい国内商業の四パーセントぐらいである。国民の年間国内決済は、専門家の予測では少なくとも五〇〇億ドル、それに対し輸出入の決済はまだ二〇億ドルにも届いていない。国内決済の年間増加額を見積ると、輸出入を合わせた海外貿易のすべての総額にほぼ等しい。

労働者はいったん職を失うものの、新たな情勢から生み出された新しい需要によって改めて雇用されるだろう。私たちは通商禁止から深刻な被害をこうむることなく抜け出せることと思う。しかし私がアメリカの揺るぎなさを論じるのはここまでとしよう。

アメリカはイギリスの手下になるのか？

今日、アメリカは降り注ぐ富を享受している。建国以来初めて、アメリカは世界最大の輸出国となり、イギリスの輸出量すらしのぐようになった。アメリカのメーカーはすべての国に進出し、商圏の拡大は順調に進んでいる。今日、金融の中心はもはやロンドンではなくニューヨークなのである。

ニューヨークは、まだ確実にその地位を獲得したとはいえないが、その日がくるのは近いだろう。ただしこれは、アメリカがヨーロッパの戦争に巻き込まれない場合の話である。アメリカには世界で最高の賃金の労働需要があり、世界の産業の頂点に到達しようとしている。

そこでアメリカ国民は自国の今後の進路について考えてみなければならない。第一に私たちは、このまま、固く、しっかりとした、揺るぎない共和制主義者、つまりアメリカ国民でいるだろうかということ、そして第二に、ポッター提督の言うように、帝国主義者の仲間入りをしてイギリスの保護の下に入り込み、その「手下」になるのだろうかということである。

後者を選択する場合、帝国主義が私たちに課してくる新しい任務をまず考えなければならなくなる。

まず、訓練を施された兵士による正規軍が必要である。志願兵では正規軍に対抗することはできないからである。このことは、すでにわかっている。正規軍の給料が目当てで簡単に集められるような志願兵は入隊後、訓練を受けさせなければならない。これは正規の兵士に比べて志願兵が劣るというのではない。志願兵は訓練を受けていないというだけだ。

正規軍にはさらに三万八〇〇〇人の兵士が必要である。「大海原から人を呼ぶ」のは簡単だが、集まらないかもしれない。現在法律に定められている兵員は六万二〇〇〇人だが、大統領発表によれば現在の兵力はわずか五万六〇〇〇人である。軍隊の増強を考える前に、まず最初にこのギャップを埋めなければならない。

労働者の雇用状態が良好なため、いま入隊する人たちは自分がしようとしている仕事が、自分にとってどのような価値のあることなのか検討することができる。そしてこのような仕事は、これまでのアメリカ兵に求められた行為ではないのである。彼らはこれまでに一回も母国を離れる必要もなかったし、ましてや人を撃ったこともないのである。

大統領は自分の望む兵士や、必要とする兵士を手に入れることができないかもしれない。もし大統領が自分の考えている帝国主義を難破させたくなければ、果たして軍隊を一〇万人の大きさにできるのかどうかということを考えなければならない。これは給料の大幅増額もなく、おそらくは徴兵もしないという条件で考えなければならないのである。しかし、アメリカが極東の表舞台に登場する前に、大きな正規の軍隊が必要なのは確実である。

第二に必要不可欠な条件は、極東に関心を寄せる他の列強海軍と、少なくともある程度の調和を保たなければならないということである。そのつもりでやろうとすれば、アメリカは二〇年以内にこのような軍備増強をすることができるだろう。しかしそのためには、一年に二〇隻の軍艦を造らなければならない。また、教育を受けた乗組員の人員確保は造船と同じくらいに難しいのである。

このように、武装ができてこそ初めて私たちは「君主不在の意思のみの力」で極東領土を手に入れ、固守する立場に立つことができる。領土を手に入れるにしろ、まったく手に入れないにしろ陸・海軍がないのに早計に現時点で誰かの「保護」「中立」「同盟」などの危険をはらんだ不安定な基盤を信頼するのは、自ら敗北を招くようなものなのである。そしてこのようなお粗末は、どんな国にも、もっとも貧しく、もっとも狂った、そしてもっとも馬鹿げた政府であれ、滅多に降りかかることはない。それは良識では考えられないことなのである。

フィリピンとキューバをどうするのか？

以上が私が書こうと思ったことの概要であるが、まだ実際的な疑問が残っている。すなわち、「フィリピン諸島の問題をどうするか」である。フィリピンは上院が条約承認をするまではアメリカの所有にならないが、アメリカのものになると仮定しての問題である。

この問題は、もう一つの問題を投げかけることによって最良の答えを出すことができる。すなわち「キューバをどうするのか、何を約束したのか」ということである。この二つの事情はほとんど似かよっている。

私たちはスペインをキューバとフィリピンから追い出した。アメリカの船は両国の港に泊まっている。そしてアメリカの国旗が両国にひるがえる。キューバには大統領発表で、議会が与えた新しい約束をした。すなわち、キューバには「自由な、独立した政府をできるだけ早く作るように援助する」という約束である。

「自由、独立」という魔法の言葉をキューバの人たちは受け入れ、アメリカの兵士たちは救援者として迎えられた。これを十分に確信した私たちの政府は、当初の予定をわずか半数にまで減らしてキューバに軍隊を送っているのである。

たとえ私たちが約束をごまかそうとしても——ヨーロッパの共和諸国は私たちがそうするに違いないと思っているのだが——独立を目指すキューバの国民の熱望を抑えることはまずできない。また、アメリカの兵士たちの目的が、自由と独立を得るために戦うキューバ人を抑えるためだと知ったら、多くのアメリカ人も反対するだろう。

私がキューバから入手した最新の情報によると、キューバはやがて新政府を樹立するだろう。しかし、その政策は併合を求めてくると私は予想している。新政府を支配するキューバの所有主や、当地の財産を持つ彼らに関心を寄せ始める多くのアメリカ人は、そのような処理をするだろう。「無料の砂糖」はすべての人の財産を意味する。

果たしてアメリカはキューバを認めるだろうか。はなはだ疑問である。しかしキューバが私たちを困らせる心配はほとんどない。キューバは帝国主義のかけらもないし、外国との戦争の危険もないのである。

次にフィリピン諸島の問題について考えてみたい。スコフィールド将軍は、フィリピンには三万人の軍隊を派遣する必要があると言っている。それというのも「こてんぱんにやっつける」必要が見込まれるからだ。ゼネラル将軍は二万五〇〇〇人でよいと言う。いずれにしてもこれはアメリカ国民にとって何の益があろうか！　キューバへの約束と同じ約束をフィリピンにも与えたら、その半分の数で間に合っただろう。そしてその結果私たちは、私たちに攻撃も何もしない無実の人々を、いやいや撃ち殺さなくても済んだであろう。

もし仮に「われわれは奴隷使用者としてでなく、独立への手助けをする友人として来たのだ」という説明をしないで、「買い上げたのだから奴隷はわれわれのものだ」と言い張るならば、間違いなく彼らを「こてんぱんにやっつける」必要が生じるだろう。「牛馬のように売買された」とフィリピン人が怒り、反乱を起こすにちがいないからである。

「自由と独立」という魔法の言葉

キューバはモンロー主義の庇護の下にあり、外国の干渉はいっさい不可能である。フィリピンを似たような状況の下におき、安定した政府が生まれ、八〇〇〇万人もの人々が己を守ることができると確信する日まで待つべきである。本当のところ、〝独立〟を味わった八〇〇〇万人もの人たちの「敵意」の中にあえて身をさらす列強はいないだろう。「自由と独立」は魔法の言葉である。決して忘れられることはないのである。

このような考え方に対する反論は一つ考えられる。つまり、彼らは自分たちで国を治めることはできない、というものであるが、これは証明されていない。これと同じことはスペイン領から独立した一六のスペイン共和国にもいわれたことである。今世紀に入ってからはメキシコに対してもいわれたことである。また、イギリスが私たちに対して抱いていた考え方でもある。

私の意見では、この反対意見にはほとんど効力がない。私はインドの部落を訪れ、そこで発見したのだが、そこでさえも二〇〇〇年にもさかのぼる自治政府があった。どこにでも、たとえもっとも発展の遅れた国にでも、政府や「秩序と階級」は存在するのである。

部族の長とそれに続く権力者はその部族のメンバーによって選ばれることが多い。インドの一部族であるアフリディの住む未開地には自治政府制度があり、それはしっかりとしていて揺るぎないものであった。法律の制定、平和、そして秩序、この三つは十分であろうとなかろうと人間社会はそれらを抜きにしては存在しない。

フィリピン人が最低の国民だということは断じてないし、そのように考えるのはもってのほかである。またキューバ人よりも劣っているのでもない。フィリピン人を好きなようにさせたら間違いを犯すかもしれないが、間違いを犯さない国など果たして存在するのだろうか？　反乱や流血も起きるだろう。だが、それを経験したことのない国などあるのだろうか？　これは私たちが通ってきた道でもあり、それらを通じて国民に支持される政府ができるのである。

したがって、以下のときにだけアメリカは正しい立場を維持できる。すなわち、「領土における権力を強大にするためではなく、人間性が問題である場合にのみ剣が抜かれる」というときである。また、「基本原理にのっとって正しい立場を維持できる」というときだけである。

すなわち、「政府はその公正な権力を国民の同意から得る」というのが基本原理である。

国旗のひるがえる場所にかかわらず、「人民の平等」「一人の権利、万人の権利」を唱える

とき、または「すべての人間が平等」であるとき、一部の公民だけに権利が与えられるというようなことがないとき、つまり自由市民と奴隷が存在しないようなとき……このようなときにのみ、アメリカは正しい立場を維持することができるのである。

Ⅱ 「神」の名による侵略は愚行

帝国主義は「神聖な義務」か？

『レヴュー』誌一月号で私は、外国との戦争や紛争の危険性について述べた。それは、アメリカ合衆国をしっかりと保ってきた今までの政策から逸脱することに反対する理由を述べたものである。アメリカが今までの政策から逸脱する可能性は三つ考えられるが、ここではそのうちの一つを取り出して考えてみたい。というのは他の二つがかつてはその理由として重要だったにもかかわらず、今ではすっかり説得力をなくしてしまったからである。

その二つの理由というのは、平和時における「貿易の拡大」と、戦時の「力の増大」である。「貿易の拡大」は、大英帝国がアメリカに対して援助する見返りとして「門戸解放」を迫ったときに、時の大統領によって抹殺された。他の外国よりも近い関係にある大英帝国に対して「門戸解放」することは、自国の農産物や鉱産物の側からみると、すなわち「門戸を閉ざす」ことを意味し、大きな打撃をこうむることになるのである。

もう一つの「力の増大」論は、貿易拡大論よりも寿命は短かった。遠隔地を占領しても、従来から欠けていた攻撃面のもろさを敵に見せつけるだけだったからである。共和国は、辺境の占領地など持たずに一致団結してこそ、はじめて実質的な強国となるのである。

仮にアメリカがフィリピンを植民地として堅持していたなら、今ごろは大きな支配力を持つ海軍のいずれか一つが、思うがままに国を操っていたことだろう。だから、ほんの数日前に、サンプソン元帥が次のように警告したのである。すなわち「戦争が起きる危険はすでに一〇〇パーセント増大しているのだから、海軍力を二倍にする必要がある」と。

それに対して大統領は、それなら陸軍も二倍にする必要があるのではないかと質問している。

こうして、平和時の「貿易の拡大」と戦時の「力の増大」という主張は、自然消滅したのである。

さて、アメリカが今までの政策から逸脱する三つの可能性のうちの残された一つ、すなわち、帝国主義について検討してみよう。

帝国主義を支持する理由として、今日なお健在なのが、神がアメリカ人に対して新しくより大きな運命の扉を開かれたのだ、という主張である。それは、当然アメリカ人には大きな重荷が背負わされるが、その運命に縮み上がっていたのでは、神聖な義務を回避することになってしまう、というのである。

つまりその運命とは、アメリカ人の管理のもとに置かれている開発の遅れた地域の人々に対して、文明をもたらすという神聖な職務である。私たちに犠牲を強いるものは、「人情」と「義務」と「運命」だと考えるわけである。

アメリカが共和主義的理想から逸脱することを求める帝国主義的な主張は、決して不名誉な土台の上に成り立っているわけではないというわけである。

平均的なアメリカ人、それも特に西海岸のアメリカ人は、自分の国は熱帯地方の民族を配下に置くことができ、そうすることでこれら民族の利益にもなると本気で信じている。つまり、これは神が自国に課した職務なのだから、当然果たすべき義務だと考えているのである。これを聞いたら、内外の人々、特に外国の人々は嘲笑するだろう。

しかし、一般的アメリカ人（南部の人々を除いて）が、支配されている民族や熱帯地方の状況に関していかに無知か、ヨーロッパの人間には理解できていないのである。この無知は、彼らの信仰の深さと同じほど深いものがある。

彼らの知識のなさは手のつけようもないほどだが、知識がなければないほど、彼らがこの上もなく誠実だという証左にもなるのである。また知識を持たずに「良い意思」だけを持っているとすると、非常に危険な集団だとも考えられる。

南部の人々は人種問題に関する知識がかなりあるので、国外に勢力を伸ばすことにこぞって賛成するということはない。そして共和国を、これ以上民族の違いから生ずる危険にさらさないようにするのが、「神聖な義務」だと考えているのである。

アメリカはこれまでの歴史上、こうした基本的に異質で新しい問題を扱った経験がない。しかしアメリカの民主主義は、国の危機に際してあらゆる問題を道義的に扱うことに非常に神経を使ってきた。奴隷制度廃止が道義的な決着をみる以前にも、その廃止に賛成の立場を取った人々がいるが、その人々の声こそ、今日までのアメリカの立場を決定してきたといえよう。

最近の例を見ても、そのような価値基準を下げようという提案がなされたとき、高い基準を維持していこうという人たちにとって最大の武器となったのは、あらゆる問題を道義的に扱うというモラルに訴えることだった。そして、問題が起こった場合の解決法は正義、公平というモラルにそむくかどうかを基準としていたのである。

ところで、今日の説教は質が下がったということをたびたび耳にする。説教が神学的問題や教義に及ぼす影響力も昔ほどにはない。しかし、わが国に関するかぎり、説教が神学的問題に与える影響が少なくなった分だけ、モラルの問題すべてに及ぼす力は大きくなったといえる。

アメリカでの説教の影響力は、スコットランドに比べても劣らないし、他の英語圏の国々よりもよほど強い。モラルの問題に関する説教については、説教がどちらか一方が正しいという判断を下すような場合は、その声は昔と変わらず、大きな力を持ち続けている。

しかし帝国主義に関する説教については、その声は二つに分かれている。ポッター司教、ヴァン・ダイク博士、カイラー博士、パークハースト博士、イートン博士等は、帝国主義に断固反対の立場に立っている。

それに対して、ドウン司教、ライマン・アボット博士等は、これとは反対の立場である。ただし彼らも、**支配される民族にひたすら良かれという考えに基づいていて、わが国自身の利益は少しも考えに入れていない。相手を思い、自国の利益を考えない立場だけが、帝国主義に生き残る力を与えているのである。**

相手を侵略してなにが恵みか

ドウン司教は、宣教という立場から領土拡大に賛成する人物として有名であるが、彼は「義務」ということに関して次のように述べている。

「これまでの成り行きからみると、従来の国家統治の権利を行使すれば、現在の憲法の範囲内で、われわれが救済した人々を支配することが可能だと考える。しかしこれが不可能な場合は、緊急的な措置として、文書の字面よりも、国家を存続させることと義務を果たすことが、より重要なのではないだろうか。

したがって憲法は、ある一部の人々が考えているような究極的な神の啓示ではなく、これを変えることも可能だと思う……いかなる困難があろうと悩みがあろうと、事実を変えたり、状況を変えたり、また神の意向で動いている事柄を変更したりはできない。

神の意向は、すでに支配力を失ったラテン民族とラテン語による宗教に代わって、今度は英語圏の人々が文明、自由、宗教上の主導権を握るような方向で推移している。神はアメリカ人に対して、この推移の中で神の道具たれ、と述べられている。結果的にはおそらく、イギリスの宗教改革、イタリアの解放、ドイツの統一よりも大きな出来事になるだろう。だからわれわれは、神への信頼の中で勇気と絶えざる信仰を保ち、今日の義務を果たすべく立ち上がらなければならない」

帝国主義に反対する私たちが、まどわされないために注意しなければならないことは、旗を振り、大衆のどぎもを抜くような人気とりの言葉を投げかける政治家たちの演説に対してではなく、ドウン司教が述べているような考え方に対してである。

たとえば司教は、憲法上の障害を克服する方策を、いとも簡単に提案しているが、このような憲法改正は不可能である。なぜなら、南部の諸州がこの問題に関して、現憲法の条文に強い賛成の立場をとっていて、被支配民族を力ずくで救済したり統治したりすることに反対しているからである。南部の人々は、自分たちの住んでいる場所で、北部や西部の人間にはわからない人種問題に端を発した面倒なもめごとを経験しているだけに、昔ながらのアメリカニズムの立場をとっているのである。

ドウン司教は、熱帯地方でアメリカ人がある時期、継続的に定住した例を示せるのだろうか。できないはずである。これは、司教が神の意向を誤解していることを意味するのではなかろうか。神は神のやり方で熱帯地方に住まわせた人々に、彼ら独自の文明を創り出すようにと考えたのであり、神が司教に慈愛のまなざしを注ぐのと同じように、熱帯地方の子どもたちにも父としての愛のまなざしを注ぐ意向のように思われる。

世界各地を旅行してみると、自分の国での生活を保証する法律が、ますます普及してきているのがわかる。世界中が着実に進歩しているのである。忍耐力の足りない人、つまり神が全世界を支配しているという真の信仰心に欠ける人たちだけが、それではまずいと考えるのである。

ドウン司教と同じ教会に所属するポッター司教は、「神の意向」とはすなわち「神聖な義務」と考えていて、ドウン司教とはまったく考えを異にしている。同じ教会の司教同士がこのありさまなのだから、物事をどちらか一方に決めることは、むずかしいのである。

帝国主義が、力ずくの侵略で被支配民族に真の恵みをもたらすことができるなら、「神聖な義務」といえるかもしれない。

しかしその一方、これはかつての大統領の言葉のように、いぜんとして「とがめられるべき攻撃」なのである。そこで、このような攻撃がよい結果をもたらすのか、それとも悪い結果になるのかを考えてみたい。これを確かめるのは容易である。なぜならヨーロッパ列強の属国が世界中に広がっていて、支配されている民族がたくさんいるからである。

上に立つ民族が下の民族に影響を与えるとき、そのどちらか一方だけがそのことによって恩恵を受けたということが、かつてあっただろうか。私は、これまで多くの属国を旅した経験があるが、そのようなケースに出会ったことはない。いったいそんな所があるのだろうか。

逆に、多くの権威ある筋が明らかにしているように、熱帯地方で上に立つ民族が下の民族に与える影響を見ると、下の民族を向上させるというよりは、むしろ風紀を乱しているのである。

理由は明らかである。たとえばフィリピンを例にとってみよう。フィリピンの宗教の大勢は、キリスト教、それも当然のことながらカトリックで、フランスやベルギーと同じようなキリスト教である。奥地に行くとイスラム教がそれに続く。イギリス領事のブレイ氏は、『インディペンデント』誌に、マニラの人々が幸せそうに暮らしている写真を載せている。ところがその写真は、私がかつて見た東部の生活を思い出させるようなものであった。

故郷ほど素晴らしいものはない

世界中を旅行する喜びの一つは、人間は故郷にいるのがいちばん幸せなように創られているのだ、と実感することである。自分たちが引いたくじを他人のくじと換えたいと思う人はいないことがよくわかる。私は自分の見聞を通じてこの真実がいっそうよくわかった。ノース岬（訳注：ノルウェーの最北端で小島上にある）に旅したとき、奥地のラップランドのキャンプを訪ねるために、北極圏に滞在したことがある。おいてきぼりになる人が出ないように、一行のいちばん後ろには往きも帰りもガイドがついて注意していた。キャンプからの帰り道、私はその英語を話すガイドと一緒に歩いた。彼は、英語をしゃべり、若いころ船乗りとして世界を回ったことがあるそうで、ニューヨークやボストン、ニューオーリンズなど、アメリカの港を知っていると得意がっていた。

フィヨルド（訳注：海水が氷食谷《ひょうしょくこく》〈氷河が行う浸食作用でできた谷〉に入りこんだ入江）の崖のふちから見下ろすと、反対側に小さな村が見えた。建築中の二階建ての家があったが、周りは芝生で囲まれていて付近の家より数段大きく、一目で金持ちの家だということがわかった。ガイドの説明によると、ある男が大きな財産を築いたのだという。彼は国を代表するほどの億万長者で、財産は三万クローネ（七五〇〇ドル）は下らないとのことであった。

彼は故郷のトゥロムソーの町へ戻ってきて豪邸を建て、そこで暮らすことにしたという。退屈な夜を好むとは、なんたる変わり者であろうと思うかもしれないが、それが故郷というものなのである。私はガイドに、もしそれほどの財産を持てたとしたら、世界のどの土地を選ぶつもりかと聞いてみた。もしかすると、彼が私たちの愛するアメリカの地名を挙げてくれるのではないかと、密かに期待した。それ以外には考えられないではないか！しかし彼は、金持ちになったときを想像して顔を輝かせながらこう言ったのである。

「トゥロムソーほどの場所は他にはありません！」

南インドを旅行していたある日、タピオカ澱粉《でんぷん》をつくるためにキャッサバの木（訳注：トウダイグサ科の熱帯落葉灌木）の根を収穫して粉にしているところを見たことがある。木立の中で働いている大人は、男も女も腰に布を巻いていたが、肌の黒光りした子どもたちは何も身にまとっていなかった。ガイドは彼らに、こちらの一行は非常に遠い国から来た人たちで、その国は自分たちの国とは大いに違うこと、時には寒さのために水が固まることがあり、その上を歩くこともできること、また冷え込むと凍った雨が降り、それが地面に高く積もれば歩けなくなること、衣類も何枚も重ねて着なければならないこと等々を説明した。

すると、この説明を聞いた幸せそうな人々は、私たちがなぜそんな国に住んでいるのかといぶかり、気候のよい彼らの国に引っ越して楽しく暮らしたらどうか、と言ったのであった。

神の名による愚行

フィリピンに駐在するイギリスの領事、ブレイ氏の記述からもわかるように、今日のフィリピンに関しても同じことがいえるのである。人間は、世界のどこへ行こうとも基本的には変わらないのである。みな自分の生まれ故郷、自分の国、自分の妻や子どもを、私たちと同じように愛し、それぞれの好みを持っているのである。

たとえば、私たちが人道主義的な熱意を持ち、相手にとっても良いはずだ、という一方的な思い込みから、義務と運命という使命感に燃えて、一〇〇人のフィリピン人をニューヨークに連れてきたとする。そして、五番街の素晴らしい家に住まわせ、不自由しないだけの財産を与え、彼らを「文明人」に仕立てる努力をしたとする。

ところがその結果はどうであろうか。見張りでもつけておかなければ彼らは残らず逃げ出し、命の危険も顧みずに、なんとか自分たちの国の文明に戻ろうとするに違いないのである。

フィリピン人にとっては、フィリピンこそ神から与えられた最良の文明なのである。彼らも私たちと同じ感情を持っており、祖国を愛する気持ちも同じである。祖国に対しては、彼らも私たちと同じように、喜んで命をも差し出すのである。フィリピン人の母親が息子を失って嘆く声は、アメリカ人の母親と少しも変わるところがない。

違うのは、一方が敗北して国を守る立場なのに対し、一方は侵略者だということだけである。ただ、侵略者だといっても、彼らは、フィリピンを文明化するためには侵略することも自分たちの義務なのだと考えている人に、ただ命令されてやっているだけなのである。

神よ、人間は神の名によって、時として何と奇妙なことをしでかすものか！

侵略された人々に恩恵を与えたいといっても、そういうことは私たちの力に余るのである。その理由の一つは、フィリピン人が目にするアメリカ人といえば、私欲にかられる一握りの人間を除いて、アメリカ兵だけだということである。

アメリカ人の女性や子どもは、夫であるアメリカ兵と共に現地で生活できないからである。アメリカの家庭から何かを学ぶということもできず、クリスチャンの女性に触れたり、可愛い子どもを目にすることもない。知っているのは、ある種の男たちと兵士だけであり、その男たちというのも、母国で生活できなくなった冒険家で、彼らはフィリピンでひと儲けしようとして渡ってきた人たちなのである。

侵略の状況を題材にしている著述家は、みな一様に、熱帯地方の町に兵士がいるということ自体、現地人にとっても外国人にとっても悲惨なことであり、上に立つ人種と下の人種が接触すれば、お互いにある種の理解は深まるにしても双方の風紀が乱される、と言っている。

インドにいるイギリスの兵士の四六パーセントは常に病気だという。宣教師から遠く離れた国外のキャンプにいる兵士は、現地人のためよりも、自分たちのために宣教師を派遣してほしいと願っているのである。

帝国主義的な考えを持つ牧師や知識人は、このことを知っているのだろうか。

イギリスの属国と植民地を比較すれば後者のほうがうまくいっているようであるが、それでもイギリスの兵士は現地人のためにはなっていない。利益を求めて現地に渡った男たちもだめである。ただ、大勢の宣教師がすでに現地に行っているので、もうこれ以上は送れないかもしれないが、キリスト教の中でも派の違う宣教師なら少しは行けるはずだ。現在は宣教師も敵とみなされているが、現地人への戦闘をやめれば、宣教師なら歓迎されるだろう。

私たちがフィリピンを領地と考えて、永久に手放さないようなことがあれば、フィリピンに文明化や発展をもたらすなど、とうてい不可能である。フィリピン人とわが国の兵士の両方が深く傷つくだけなのである。

そしてまた、現地におもむくアメリカ市民をも傷つけることだろう。兵士や事業家が、本国にいれば溢れるほど受けられるよい影響を、外地では受けられないとすると、彼らにとってこれほど悪い状況もないだろう。

アメリカニズムの原則

帝国主義者の中では、宗教関係者がいちばんフィリピン人のためになることをしようとしているのはわかる。しかし、どんな民族に対しても、その独立への夢を砕くようなことをすれば、一方の手で懸命に与えながら、もう一方の手で、それよりもっと強力な文明化の手段を取り払っていることになる。

社会を形成している人間はすべて、自らの手で統治したいという神聖な望みを胸に抱いているのである。祖国の独立のためなら喜んで戦い、死ぬこともいとわないという人々には、彼らの求める自治の機会を与えてみるのも価値あることだ、という意見もあるが、これは、もっともなことといえよう。

また、フィリピン人はすでに自治を実行しているのだが、たとえ自治能力を発揮していないにしても、自治の機会を与えてみることは民族の向上のためになる。自治を身につける教育はやってみることがいちばんだ。うまくいかずにあがく年月がどんなに長くても、結局は自治能力の発展に役立つということは間違いない。

上に立つ勢力が、その土地に住むこともなく、現地人とも融合せず、ただ統治権を行使するだけの属国は、どこもインドと同じ状況である。アメリカの帝国主義者は、イギリスの支配地とは違った例を、一つでもいいから見せてほしいと思う。

いま真剣に考えなければいけないのは、何をしたいのかではなく、どのような条件なら私たちにできるのか、または、うまくできるのかということである。

新聞や雑誌は、外地におもむくという「新しい運命」（訳注：神がその扉を開いたという帝国主義支持者の主張）の要求が満たされるよう、まるで説教集のように、この衝動をかきたてる役割を果たしてきた。しかし最近、このような役割を担ってきた西部の保守系新聞であるシカゴの『タイムズ・ヘラルド』紙は、次のように述べている。

「征服のためにフィリピン人虐殺が行われるようなことになれば、アメリカ人の良心は耐えられない。私たちはフィリピンを欲しがっているわけではない。スペインの支配を肩代わりして、アメリカは慈悲深く、そして正義感に満ちあふれているという折り紙をつけたいと思っているわけでもない。大統領は次のことを明言してほしい。アジア地域を併合する意思はまったくないこと、およびキューバに対する議会の誓約は、そのままフィリピンへも適用されることを……」

大統領が、フィリピンへのメッセージとしてこのことを伝えてさえいれば、電信が伝えるように、五〇〇〇人のフィリピン人が「草のように刈られ」たり、六〇人にのぼるわが国の市民が犠牲になるという、恐ろしい事態は起こらなかったのである。大統領の失態は、一方に言ったことを、もう一方には言わなかったことに起因するのである。彼の責任は大きいと言わざるを得ない。

私は今世紀最大の政治家の誕生日の前日にこれを書いている。彼のまれにみる生涯を考えると、史上最大の政治家といってもよいかもしれない。その名は、エイブラハム・リンカーンである。リンカーンと同じ時代を生きている私たちが、彼の教えを放棄してよいものだろうか？　彼の言葉に耳を傾けよう。

「どんな善良な人も、相手の承諾なしに、その人を支配することは許されない。これこそがアメリカの共和主義を導く原則であり、最後のよりどころである」

「統治される人の同意」を得ることが最重要という主張は、いささか時代離れしているが、この言葉は近い将来、再び時代に見合ったものになることだろう。

今日私たちは、これまで保持してきた政治原則のすべてが壊れ去るかもしれないという前代未聞の時期を迎えているが、リンカーンは、まるで霊感でも受けたかのように、今の時代にふさわしい言葉を残している。

「白人が白人を支配するのは自治である。しかし白人が自分だけではなく他の人をも支配すれば、自治の範囲を越えた圧制となる」

リンカーンは、いま問題になっている「新たな義務」や「新たな運命」については何も知らなかった。またそれが、「運命を決める義務」なのか、「義務を決める運命」なのかも知らなかったはずである。しかし、共和主義の伝統的な原則に対しては造詣の深いものがあった。

この偉大なアメリカ人から学ぶべき教訓をもう一つ挙げておこう。

「われわれのよりどころは、神が与え給うた自由への憧れの中にある。**われわれの敵に対**

する備えは、全世界のすべての人間が受け継いでいる自由を貴ぶ精神の中にある。他人の自由を否定する者は、その自由をわがものとする資格がない」

このように、広く自由を愛し、気高い心で自由を与えるという、アメリカニズムの原則が、リンカーン大統領によってはっきりと示されたのである。

これまで、重大な問題あるいは自国の理想を維持しなければならなかったとき、わが国が道を踏み外したことは、ただの一度もないのである。

⚜

カーネギーはアメリカの帝国主義に、きわめて批判的な態度をとっていた。それはイデオロギー的なものではなく、きわめて健全な市民感覚に基づくものだった。カーネギーは、いずれ世界を制覇するのは、武力ではなく経済力だと信じていた。今から一〇〇年前の世界を考えれば、それは恐ろしいほどの炯眼《けいがん》であると言わざるを得ない。

そしてカーネギーが考えた理想社会にもっとも近いものを、二〇世紀の地球上でいちばん最初に実現したのが日本だった。

カーネギーが警告した帝国主義が、日本で復活する可能性はきわめて低いが、豊かな家庭に育った青年は不幸である、と言うカーネギーのもう一つの警告は、今の日本人のすべてが心にとめなければならないものである。

私たちが、カーネギーの警告を無視すれば、今から一〇〇年後に、世界でもっとも繁栄している国が、日本である可能性はほとんどゼロだろう。空前の繁栄の中で、今、私たちは、次の世代のために何をしなければならないか、何をしてはならないかを、カーネギーから厳しく問われているのである。

あとがき――カーネギーの最大の財産

田中孝顕

カーネギーは、第一章「富の福音」および第二章「富に対する誤解」の中で、脳力のある者が富を築くことは社会の進歩に役立つこと、そして、巨富を得た者はそれを社会に有効に還元すべきであることを再三にわたって説いている。あなたはこれを読まれてどんな感想を持たれたであろうか。

ところで、カーネギーが自分にとって最大の財産だと考えていたのは何だったのだろうか。それは何億ドルという莫大な有形の財産ではなく、実はゼロからスタートして大富豪になった自らの体験の中からつかんだ「成功のノウハウ」だったのである。

当時のアメリカには、カーネギーと同じように、ゼロから大富豪になった人や、なりつつある人が何人もいた。発明王エジソンはすでに富豪になった人であったし、自動車王フォードは富豪になりつつある人だった。

こうした人たちとの交際を通じて、カーネギーは、すべての人に有効な「成功のノウハウ」があるはずだ、と考えるようになった。この「成功のノウハウ」を、自分の死とともに土に返すのではなく、社会に贈ることは社会に対する最大のプレゼントになると考えたのである。

一九〇八年、たまたま雑誌記事の取材に訪れた一人の青年が、カーネギーの目にとまった。カーネギーは、その青年、ナポレオン・ヒルに、自分の構想を打ち明けて、すべての人が活用できる成功哲学の体系化を依頼した。

しかし、カーネギーは、ナポレオン・ヒル青年に、必要な人を紹介したり、必要な資料を提供することはいくらでもするが、金銭での援助をいっさいしないと言ったのである。カーネギーは、完成された成功哲学が本当に有効なものなら、ナポレオン・ヒルが真っ先にゼロから大成功を収めることができるはずだ、と考えたのである。

カーネギーの付託に応えて、ナポレオン・ヒルが、アメリカ各界の五〇〇人以上の成功者を取材して、初期の成功哲学のナポレオン・ヒル・プログラムを完成させたのは、一九二八年のことだった。

カーネギーの予想どおり、この形のないカーネギーの遺産の恩恵を真っ先に受けたのは、ナポレオン・ヒル博士自身だった。博士は成功哲学の普及を事業化して、たちまち大富豪の一人となったが、その間、ウッドロー・ウィルソン大統領の広報担当補佐官、フランクリン・ルーズベルト大統領の顧問官にも就任している。

フランクリン・ルーズベルト大統領がラジオを通じて行っていた炉辺談話を起草したの

はナポレオン・ヒル博士であり、第二次世界大戦への参戦にあたっての、「われわれは恐怖それ自体以外に恐れるものはない」という、ルーズベルト大統領の名演説の草稿を書いたのもナポレオン・ヒル博士だった。そしてこの言葉には、常にあらゆる障害を乗り越えて前進を続けたカーネギーの不屈の思想が色濃く反映しているのである。

ナポレオン・ヒル・プログラムによって、カーネギーの思想を学び、それを自分の仕事の分野で応用して、大きな恩恵を受けた人は、カーネギーの形のある遺産の恩恵を受けた人よりも何百倍も多く、全世界で数百万人にも及んでいる。

カーネギーの思想は、ナポレオン・ヒル・プログラムによって、現代アメリカに深く浸透して、アメリカのバックボーンを形成しているといってよい。たとえば、その一例をあげれば、瀕死のクライスラーの奇跡の再建を果たし、民主、共和両党から大統領候補に推されたリー・アイアコッカは、ナポレオン・ヒル・ゴールドメダリストの一人となっている。

このゴールドメダリストに選ばれることは、アンドリュー・カーネギーの思想の弟子であることを自認することであり、現代のアメリカ社会で、もっとも権威のある社会的な表彰の一つなのである。

ナポレオン・ヒル・プログラムによって勉強したことを自認し、現職のアメリカ大統領が出席する権威のあるナポレオン・ヒル・ゴールドメダルの授賞式で、栄誉ある受賞者に選ばれた現代アメリカのバックボーンとも言える人たちの一部を、最後に紹介しておこう。

オグ・マンディーノ（作家、社会教育家）
ノーマン・V・ピール（思想家、牧師）
テッド・ターナー（CNN創業者、タイムワーナー社元副社長）
ドナルド・キーオ（コカ・コーラ社、元最高経営責任者）
トム・モナハン（ピザ・チェーン、ドミノ社の創業者）
リー・A・アイアコッカ（クライスラー社、元会長）
アーサー・E・バートレット（センチュリー21、不動産会社創業者）
A・N・プリッツカー（ハイアット・ホテルグループ創立者）
メアリー・ケイ・アッシュ（メアリー・ケイ化粧品元名誉会長）
ウォリー・エイモス（チョコレート・チップ・クッキー会社の創立者）
ナンシー・フォアマン（テレビキャスター）
デルフォード・スミス（エバーグリーン航空会社創立者）
ヴァン・クライバーン（国際的ピアニスト）
ポール・ハーヴィー（ラジオコメンテーター）

アンドリュー・カーネギー年表

西暦（年）	年齢	事項
一八三五		アンドリュー・カーネギー、スコットランドのダムファームリンで誕生（一一月二五日）。
一八四八	一二歳	カーネギー一家、ペンシルヴァニアに移住。カーネギー少年、紡績工場に就職。 ◆マルクス、共産党宣言をロンドンで刊行。
一八四九	一四歳	ピッツバーグ電信局に勤務。電報配達の少年になる。
一八五一	一六歳	独学で通信技手となる。
一八五三	一八歳	ペンシルヴァニア鉄道に就職。トーマス・スコットの秘書兼通信士となる。
一八五九	二四歳	ペンシルヴァニア鉄道ピッツバーグ線区の責任者となる。
一八六〇	二三歳	寝台車の会社に投資。
一八六一	二六歳	南北戦争始まる。南軍のトーマス・スコット大佐の副官として、ワシントンで軍事輸送の指揮をとる。
一八六二	二七歳	戦後の需要を見越して、ピッツバーグに鉄道用鉄橋の製造会社、キーストン鉄橋会社を設立。

一八六五	三〇歳	ペンシルヴァニア鉄道を辞職。
一八六七	三二歳	キーストン鉄橋会社の事業拡張のためにニューヨークに進出。
		◆マルクス・エンゲルス共著『資本論』第一巻刊行。
一八六八	三三歳	取引先の製鉄所を買収。ユニオン製鉄設立。
一八七〇	三五歳	◆普通選挙権成立。
一八七一	三六歳	◆パリ・コミューン。
一八七三	三八歳	ベッセマーの技術を導入。ベッセマー・スチール・レール合資会社を設立。すべてを鉄鋼に賭ける。
一八七七	四二歳	◆アメリカ最初の社会主義政党、社会主義労働党発足。
一八七九	四四歳	◆ヘンリー・ジョージの『進歩と貧困』刊行。空前のベストセラーになる。
一八八一	四六歳	競合会社を次々に買収、合併。持株会社カーネギー兄弟商会を設立。アメリカ最大の鉄鋼企業となる。
一八八二	四七歳	◆『国富論』石川暎の訳で日本で刊行。
一八八三	四八歳	『イギリスで手を繋ぐ四人のアメリカ人』発刊。
一八八五	五〇歳	◆『資本論』第二巻、ロンドンで刊行。
一八八六	五一歳	『勝利の民主主義』発刊。
一八八九	五四歳	『富の福音』発表。
一八九一	五七歳	ニューヨーク市にカーネギーホールを寄贈。

一八九二	五八歳	社長の座をH・C・フリックに譲る。カーネギースチール・ホームステッドで争議、州の介入で死者が出る。
一八九四	六〇歳	◆日清戦争。終結は一八九五年。
一八九六	六二歳	◆『資本論』第三巻ロンドンで刊行。
一九〇一	六七歳	ロックフェラーと組んでコンソリテーティッド・アイアン・マインズ社設立。傘下の全企業を四億四七〇〇万ポンドでモルガンに譲渡。実業界を引退して、社会事業に取り組む。モルガン、USスチールを設立。
一九〇二	六八歳	一般教育財団設立。
一九〇四	七〇歳	◆日露戦争。終結は一九〇五年。
一九〇五	七一歳	カーネギー教育振興財団設立。
一九〇八	七四歳	ナポレオン・ヒルに会う。成功哲学の体系化を依頼。
一九一〇	七六歳	国際平和基金設立。
		◆日韓併合。
一九一二	七八歳	カーネギー・メロン工業大学設立。
一九一七	八三歳	◆十月革命。世界最初の社会主義政権、レーニンの指導で誕生。
一九一九	八四歳	マサチューセッツ「夏の家」でカーネギー死去。
一九二八		最初のナポレオン・ヒル・プログラム完成。

【著者】

アンドリュー・カーネギー

1935年、スコットランド生まれ。1848年、家族とともにアメリカのピッツバーグに移住。12歳から紡績工場を皮切りに懸命に働く。1862年、27歳でキーストン・ブリッジ会社を設立。1881年、46歳でアメリカ最大の鉄鋼会社を設立、「鉄鋼王」となる。1891年、ニューヨーク市にカーネギーホールを寄贈したのをはじめ、教育振興財団、国際平和基金、カーネギー工業大学などを設立し社会に貢献した。1908年、雑誌記者として取材に訪れたナポレオン・ヒルに会い、成功哲学の体系化を依頼する。1919年、満84歳で死去。

【監訳者】

田中孝顕（たなか・たかあき）

1945年1月生まれ。国学院大学法学部卒。総理府（現・内閣府）事務官（公正取引委員会事務局〈現・総務省／公正取引委員会〉）、東急不動産㈱企画部、総務部を経て、1973年4月、SSI人材活性研究所を設立。1979年2月、㈱SSI人材活性研究所〈商号はその後、㈱エス・エス・アイに変更〉を創業し、代表取締役社長・最高経営責任者に就任。2007年株式会社エス・エス・アイ退任、現在、同社最高執行顧問となる。『SSPSシステム』を開発、『ナポレオン・ヒル・プログラム』その他、各種プログラムを翻訳・開発した。『速聴機』を企画・開発し、ギネスブックから認定書を授与される。著書に『夢をあきらめる前に読む本』『世界一かんたん！ 集中力を引き出す速聴CDブック』、別ジャンルでは『日本語の真実』、『ささがねの蜘蛛』（幻冬舎）、訳書として『思考は現実化する』、『タミル語会話入門』、エメノー／バロウ『オックスフォード大学ドラヴィダ語語源辞典』サンフォード・スティーヴァー『ドラヴィダ語言語学』、など多数。2002年11月、米国ナポレオン・ヒル財団の上級顧問（シニア・アドバイザー）、ナポレオン・ヒル財団アジア／太平洋本部理事長に就任。2003年3月、日本人として初のナポレオン・ヒル・ゴールドメダルを受賞。2004年度には、高額納税者ベスト10に輝く。

富の福音

2011年2月25日　第一刷発行

著　者　アンドリュー・カーネギー
監訳者　田中孝顕
発行人　松村徹
編集人　松隈勝之
発行所　きこ書房
〒163-0264　東京都新宿区西新宿2-6-1　新宿住友ビル22階
電話　03（3343）5364
ホームページ　http://www.kikoshobo.com
装　丁　日下充典
組　版　中島悠子

印刷・製本　株式会社シナノ

ISBN：978-487771-274-7